A arlesiana

*

La Doulou

FUNDAÇÃO EDITORA DA UNESP

Presidente do Conselho Curador
Mário Sérgio Vasconcelos

Diretor-Presidente / Publisher
Jézio Hernani Bomfim Gutierre

Superintendente Administrativo e Financeiro
William de Souza Agostinho

Conselho Editorial Acadêmico
Divino José da Silva
Luís Antônio Francisco de Souza
Marcelo dos Santos Pereira
Patricia Porchat Pereira da Silva Knudsen
Paulo Celso Moura
Ricardo D'Elia Matheus
Sandra Aparecida Ferreira
Tatiana Noronha de Souza
Trajano Sardenberg
Valéria dos Santos Guimarães

Editores-Adjuntos
Anderson Nobara
Leandro Rodrigues

A coleção CLÁSSICOS DA LITERATURA UNESP constitui uma porta de entrada para o cânon da literatura universal. Não se pretende disponibilizar edições críticas, mas simplesmente volumes que permitam a leitura prazerosa de clássicos. Nesse espírito, cada volume se abre com um breve texto de apresentação, cujo objetivo é apenas fornecer alguns elementos preliminares sobre o autor e sua obra. A seleção de títulos, por sua vez, é conscientemente multifacetada e não sistemática, permitindo, afinal, o livre passeio do leitor.

ALPHONSE DAUDET
A arlesiana
*
La Doulou

TRADUÇÃO E NOTAS JORGE COLI

© 2024 EDITORA UNESP

Título original: *L'Arlésienne / La Doulou (La Douleur)*

Direitos de publicação reservados à:
Fundação Editora da Unesp (FEU)
Praça da Sé, 108
01001-900 – São Paulo – SP
Tel.: (0xx11) 3242-7171
Fax: (0xx11) 3242-7172
www.editoraunesp.com.br
www.livrariaunesp.com.br
atendimento.editora@unesp.br

DADOS INTERNACIONAIS DE CATALOGAÇÃO NA PUBLICAÇÃO (CIP)
DE ACORDO COM ISBD
Elaborado por Vagner Rodolfo da Silva – CRB-8/9410

D238d   Daudet, Alphonse

         A Arlesiana, seguido de La Doulou / Alphonse Daudet; traduzido por Jorge Coli. – São Paulo: Editora Unesp, 2024.

         Tradução de: *L'Arlésienne; La Doulou*
         Inclui bibliografia.
         ISBN: 978-65-5711-187-1

         1. Literatura francesa. 2. Teatro. 3. Autobiografia. I. Coli, Jorge. II. Título.

         CDD 843.7
2024-1362   CDU 821.133.1-31

Editora afiliada:

SUMÁRIO

Apresentação
9

A arlesiana
13

Personagens
15

Primeiro Ato
19

Primeiro Quadro
O Sítio do Castelet
19

Primeira Cena
20

Cena II
26

Cena III
28

Cena IV
33

Cena V
37

Cena VI
39

Cena VII
42

Cena VIII
43

Cena IX
45

Cena X
48

Cena XI
48

Segundo Ato
51

Segundo Quadro
As Margens do Charco de Vaccarès, em Camargue
51

Primeira Cena
51

Cena II
53

Cena III
59

Cena IV
62

Cena V
67

Cena VI
69

Cena VII
73

Terceiro Quadro
A Cozinha do Castelet
75

Primeira Cena
75

Cena II
77

Cena III
80

Cena IV
80

Cena V
81

Cena VI
88

Cena VII
90

Terceiro Ato
93

Quarto Quadro
O Pátio de Castelet
93

Primeira Cena
93

Cena II
95

Cena III
98

Cena IV
103

Cena V
106

Quinto Quadro
111

Primeira Cena
111

Cena II
112

Cena III
116

Cena IV
118

Cena V
120

Cena VI
120

Cena VII
122

La Doulou
123

Prefácio
125

I
127

II
159

APRESENTAÇÃO

EM 1870, A FRANÇA VIVIA O ESTOURAR DA GUERRA FRANCO-PRUSSIANA, conflito bélico que representava um rescaldo das Guerras Napoleônicas, que no início daquele século haviam desencadeado contra o país uma série de animosidades por parte de outras potências europeias em função das grandiloquentes ambições de poder de Napoleão Bonaparte. Embora já fosse uma figura proeminente da intelectualidade francesa, o contista, novelista e dramaturgo Alphonse Daudet, então com trinta anos, alistou-se no Exército determinado a ajudar na defesa de Paris contra as tropas do Império Prussiano. Mas lutar na guerra representaria apenas mais um dos tantos episódios singulares a compor a singular biografia desse escritor, cuja vida atribulada e marcada por adversidades de toda ordem forneciam a substância de sua produção literária. A presente edição, que compila a peça *A arlesiana* e os relatos que compõem "La Doulou", é uma amostra importante da densidade da literatura desse autor que, pouco popular no Brasil, pede (porque merece) mais notoriedade.

Alphonse, nascido na região de Provença, no sul francês, era filho de uma família tipicamente burguesa. Em 1849, o pai, um empresário no ramo de tecidos, acabou vendendo a fábrica que possuía e se mudou com a família para Lyon, onde também encontrou grandes dificuldades nos negócios. Ali, em apenas oito anos os Daudet faliram. Com toda a estrutura financeira familiar comprometida, não restou alternativa a Alphonse senão interromper os estudos para conseguir um emprego que passava longe dos seus melhores sonhos: o de porteiro de escola, cargo que ocupou por apenas seis meses, tempo suficiente para deixá-lo profundamente deprimido, porque nessa época as ambições literárias já o dominavam. Não por acaso, a experiência naquele emprego lhe renderia material para, anos depois, produzir seu livro semibiográfico *Le Petit Chose* [A coisinha] (1868).

Porém, com a vitalidade própria de alguém que entrava na vida adulta, ao completar dezoito anos ele se encheu de coragem e partiu para a capital, Paris, onde seu irmão mais velho já vivia. Logo passou a ser *habitué* na cena erudita da cidade, conhecendo (e passando a conviver com) algumas das personalidades artísticas mais influentes da época. Entre estas, incluem-se Frédéric Mistral, tido como o artífice do movimento conhecido como Félibrige, que recuperou a importância da língua e da cultura provençais; e Émile Zola, que dispensa apresentações. Já em seu primeiro ano em Paris, Alphonse Daudet faz sua estreia literária com um livro de poemas, *Les Amoureuses*, dedicado à modelo Marie Rieu, com quem viveu sua primeira grande paixão. Pouco depois lança um livro de contos, *Le Roman du Chaperon Rouge*, ainda de forma discreta. Só em 1869 consegue chamar a atenção e lograr algum êxito com a publicação de *Lettres de mon moulin*. Dois anos antes, havia se casado com Julia Allard, que viria a ser a mãe de seus três filhos.

Observador profundo do comportamento humano, Daudet tinha o hábito de usar caderninhos para registrar impressões sobre as pessoas, que usava como matéria-prima para o desenvolvimento de suas personagens. Não se detinha em alguma estética ou tendência específica que pudesse categorizá-lo como pertencente a determinado movimento. Ainda que tenha absorvido alguma influência do naturalismo então ascendente, muito personificado em seu amigo Zola, Daudet operava em outra rotação. Inclusive divergia dos naturalistas, ancorado na crença de que estes se concentravam em demasia nos aspectos mais nebulosos da realidade. Daudet, por sua vez, era um autor passional, que valorizava em seus enredos as contradições próprias da vida, familiarizado como era tanto com os estratos sociais mais pobres quanto com as elites abastadas, tanto com os extremos da bonança e da pobreza quanto com o mundo da arte e os canhões do front.

—————————

A arlesiana, bela e delicada peça de tintas trágicas que abre este volume, nasceu originalmente como um conto, publicado no livro *Lettres de mon moulin*. Transformada na peça em três atos tal como a lemos aqui, teve sua música incidental composta por Georges Bizet e apresentada pela primeira vez em 1872 no Théâtre du Vaudeville em Paris, o que ajudou a popularizá-la. "La Doulou", por sua vez, sintetiza os esforços de Alphonse Daudet para lidar com as permanentes, dilacerantes e crescentes dores causadas por desdobramentos da sífilis, relatando-as ora na forma do sofrimento em si, ora em divagações de cunho ficcional-onírico. Os dois textos, escritos com tamanha vitalidade para retratar a evidente proximidade da morte, gravam memória indelével no leitor. Sobre o colega, Émile Zola não soube reprimir seu desconcerto: "Existe entre os contadores de histórias e romancistas contemporâneos um autor que, ao nascer, recebeu todos os dons do espírito. Refiro-me a Alphonse Daudet. Imagino que todas as fadas se reuniram em torno de seu berço para, cada qual, conceder-lhe um presente raro por meio de sua varinha: uma lhe ofereceu graça; outra, charme. E o mais incrível é que a fada má, aquela que normalmente vem por último para derrubar todas as dádivas preciosas, chegou tão atrasada na ocasião que não pôde entrar".

ALPHONSE DAUDET
(NÎMES, 1840 – PARIS, 1897)

FOTO DE FÉLIX NADAR, S/D

ALPHONSE DAUDET

A arlesiana

Peça em três atos e cinco quadros

Representada pela primeira vez no Theâtre du Vaudeville,
em 10 de outubro de 1872

PERSONAGENS

Balthazar . . . . Monsieur Parade
Fréderi . . . . Abel
Oficial Marc . . . . Colson
Francet Mamaï . . . . Cornaglia
Mitifio . . . . Régnier
Tripulante . . . . Lacroix
Um criado . . . . Moisson
Rose Mamaï . . . . Madame Fargueil
Renaude . . . . Alexis
O Inocente . . . . Morand
Vivette . . . . Bartet
Uma criada . . . . Leroy[1]

Para a montagem, dirigir-se ao monsieur Léon Ricquier, diretor-geral do Theâtre du Vaudeville. Para a música e coros, dirigir-se ao monsieur Choudens, editor de música, em Paris.

---

1 Nomes dos primeiros intérpretes.

A meu caro e grande Bizet

*odi et amo. Quomodo id faciam, fortasse
requiris? nescio. Sed fieri sentio et excrucior.*[2]

---

2 Caio Valério Catulo, *Carmina 85*. "Eu odeio e amo. Como faço isso, você
pode perguntar? Não sei. Mas sinto que está ficando cada vez mais doloroso." A citação original é: *"Odi et amo. Quare id faciam, fortasse requiris./
Nescio: sed fieri sentio et excrucior"*. Em latim no original.

PRIMEIRO ATO

PRIMEIRO QUADRO
O SÍTIO DO CASTELET

Um pátio que se abre ao fundo por uma grande porteira sobre uma estrada ladeada de grandes árvores empoeiradas, atrás das quais se vê o Ródano. – À esquerda a sede, com um edifício principal que faz ângulo no fundo. – É uma bela sede, muito antiga, de aspecto senhoril, cujo acesso se dá exteriormente por uma escada de pedra com corrimão de velho ferro forjado. – O edifício principal, ao fundo, tem uma torrezinha no alto, servindo de celeiro e abrindo-se na parte de cima, nas frisas, por uma porta-janela, com uma polia e fardos de fenos que saem para fora – Embaixo desse edifício principal, a adega; porta ogival e baixa. – À direita do pátio, alojamento de empregados, hangares, depósitos. – Um pouco à frente, o poço; um poço com mureta baixa, coroado por uma alvenaria branca, engrinaldado de vinhas selvagens. – Aqui e ali, no pátio, uma grade de arar, uma lâmina de arado, uma grande roda de carroça.

PRIMEIRA CENA

FRANCET MAMAÏ, BALTHAZAR,
O INOCENTE, depois ROSE MAMAÏ.

O pastor Balthazar está sentado, um pito entre os dentes, na beira do poço. – O Inocente, no chão, com a cabeça apoiada sobre os joelhos do pastor. Diante deles, Francet Mamaï, com um molho de chaves em uma das mãos; na outra, uma cesta com garrafas.

FRANCET MAMAÏ

E aí, meu velho Balthazar, o que você diz disso? Há novidades no Castelet?

BALTHAZAR, *com o pito entre os dentes*

Parece...

FRANCET MAMAÏ, *baixando a voz e lançando um olhar em torno*

Pois é! Ouça. Rose não queria que eu falasse para você antes que tudo estivesse terminado, mas vá lá... Entre nós dois, não pode haver mistério.

O INOCENTE

Diga, pastor.

FRANCET MAMAÏ

Depois, você sabe, sobre um grande negócio como aquele, achei que fosse bom ouvir a opinião de alguém mais velho.

O INOCENTE

Diga, pastor, o que foi que o lobo fez à cabra do sr. Seguin?[3]

FRANCET MAMAÏ

Espere, meu Inocente, espere. Balthazar vai terminar a história para você daqui a pouco. Aqui! Brinque com as chaves. (*O Inocente pega o molho de chaves e o faz dançar com um pequeno riso. Francet se aproxima de Balthazar.*) Francamente, meu velho, o que você pensa desse casamento?

BALTHAZAR

O que você quer que eu pense, meu pobre Francet? Primeiro, que é ideia sua e de sua nora; é também a minha... É obrigado...

FRANCET MAMAÏ

Por que obrigado?

BALTHAZAR

Quando os patrões tocam violino, os empregados dançam.

FRANCET MAMAÏ, *sorrindo*

E você não tem muito jeito de estar dançando... (*Sentando-se sobre sua cesta.*) Vamos, vamos, o que é que há? O negócio não lhe convém?

---

3 Referência à novela "A cabra do sr. Seguin", do próprio Alphonse Daudet, que está no livro *Cartas de meu moinho*. A cabra de Seguin, embora bem tratada, foge para as montanhas. À noite, mesmo tendo ouvido o uivo do lobo, ela decide permanecer na floresta. Luta até o amanhecer quando, exausta e muito ferida, ela se deixa devorar.

BALTHAZAR

Pois bem! Não! Aí está...

FRANCET MAMAÏ

E por qual razão?

BALTHAZAR

Tenho muitas razões. Primeiro, acho que seu Fréderi é jovem demais e que vocês estão muito apressados para casá-lo...

FRANCET MAMAÏ

Mas, homem de Deus! É ele quem está com pressa, não nós. Pois eu lhe disse que ele está louco pela arlesiana; há três meses que andam juntos, ele não dorme mais, não come mais. É como uma febre, o amor que essa garota lhe causou. Porque, enfim, o quê! O rapaz está na flor dos vinte anos e não aguenta mais.

BALTHAZAR, *batendo seu pito*

Então, já que ele precisa se casar, o senhor deveria ter encontrado para ele por aqui, na vizinhança, uma boa dona de casa bem armada de linha e agulha, com alguma fineza e capacidade, que soubesse lavar roupa, dirigir uma colheita de azeitonas, uma verdadeira camponesa, enfim!

FRANCET MAMAÏ

Ah, sem dúvida, uma moça local seria muito melhor...

BALTHAZAR

Graças a Deus, não é caça que falta nestas terras de Camargue. Veja! Sem ir muito longe, a fiandeira de Rose, essa Vivette Renaud

A ARLESIANA

que eu vejo trotar por aqui nos tempos da colheita... Essa, sim, seria mulher para ele.

FRANCET MAMAÏ

Bem, sim... Sim... Mas o que fazer? Já que ele quis uma da cidade.

BALTHAZAR

A infelicidade reside nisso. No nosso tempo, era o pai que dizia "eu quero". Hoje, são os filhos; você criou o seu pela nova moda; vamos ver se vai dar certo.

FRANCET MAMAÏ

É verdade que a gente sempre fez as vontades desse moleque, e talvez um pouco demais. Mas de quem é a culpa? Faz quinze anos que o pai não está mais aqui, caramba! E nem Rose, nem eu, podíamos substituí-lo. A mãe, o avô, têm mão mole demais para educar criança. E depois, o que você quer? Quando se tem um só, a gente amolece. E nós, a bem dizer, só temos aquele lá, porque o seu irmão... (*Aponta o Inocente.*)

O INOCENTE, *agitando o molho de chaves*
que ele esfregou com sua blusa

Veja, vovô, como suas chaves estão brilhando...

FRANCET MAMAÏ, *olhando-o com ar comovido*

Ele vai fazer catorze anos no dia da Candelária! Que dó! Sim, sim, meu docinho.

BALTHAZAR, *levantando-se de repente*

O senhor ao menos conhece bem essa moça de Arles? Sabe de fato quem vai entrar na sua casa?

FRANCET MAMAÏ

Oh! Isso...

BALTHAZAR, *caminhando de um lado para o outro*

É que, tome cuidado: com essas regateiras da cidade não é como aqui. Aqui, todo mundo se conhece. Estamos na planície, vemos quem chega, de longe; enquanto lá...

FRANCET MAMAÏ

Fique sossegado, tomei minhas precauções. Temos em Arles o irmão de Rose...

BALTHAZAR

O oficial Marc?

FRANCET MAMAÏ

Exato. Antes de fazer o pedido, enviei a ele, por escrito, o nome da moça, e o encarreguei de se informar; você sabe que ele tem olho aberto, aquele lá...

BALTHAZAR, *zombando*

Para atirar nas codornas, nem sempre.

FRANCET MAMAÏ, *rindo*

É verdade que aquele bom rapaz não tem a mão boa quando vem caçar no pântano, por aqui. Não tem importância. Ele é

A ARLESIANA 25

esperto e tem a língua solta para falar com os burgueses. Faz trinta anos que está na Marinha de Arles; conhece todo mundo da cidade, e, de acordo com o que ele disser...

ROSE MAMAÏ, *na sede*

E então, vovô, e o moscatel?

FRANCET MAMAÏ

Estou indo... Estou indo, Rose... Me dê aqui, rápido, as chaves, meu querido... (*Para Rose, que aparece no balcão.*) É esse danado do Balthazar que não termina mais de contar suas histórias... (*A Balthazar.*) Psiu!

ROSE

Como é? O pastor está aí, ele também... Os carneiros ficam lá sozinhos, tomando conta de si próprios?

BALTHAZAR, *tirando seu grande chapéu*

Os carneiros não saem, patroa. Os tosquiadores chegaram de manhã.

ROSE

Já!

BALTHAZAR

Pois é... Já estamos no primeiro de maio. Antes de quinze dias, estarei na montanha.

FRANCET MAMAÏ, *abrindo a porta da adega*

He! He! Poderia ser, ao contrário, que a sua ida atrasasse este ano... Não é verdade, Rose?

ROSE

O senhor trate de ficar quieto, seu tagarela, e ir já buscar o moscatel... Nosso pessoal vai chegar e o senhor não tirou uma única garrafa.

FRANCET MAMAÏ

Vamos lá... (*Desce ao celeiro.*)

ROSE

Você pode olhar o menino, Balthazar?

BALTHAZAR, *retomando seu lugar no poço*

Pode deixar... Vá, patroa.

CENA II

BALTHAZAR, O INOCENTE.

BALTHAZAR

Pobre Inocente! Queria saber quem cuida dele quando eu não estou aqui. Eles só têm olhos para o outro...

O INOCENTE, *com impaciência*

Diga, então, o que o lobo fez com a cabra do sr. Seguin?

A ARLESIANA

BALTHAZAR

Ah! É verdade. Nós não terminamos a nossa história... Vejamos, onde estávamos?

O INOCENTE

Estávamos em... "E então!..."

BALTHAZAR

Ô, diabo! É que tem muito "e então" na nossa história. Deixe-me ver... E então... Ah, lembrei. E então a cabritinha ouviu um barulho de folhas atrás dela e, no escuro, ao se virar, viu duas orelhas bem erguidas, com dois olhos que brilhavam. Era o lobo...

O INOCENTE, *arrepiando-se*

Oh!

BALTHAZAR

Ciente de que iria comer, o lobo não se apressava. Você sabe, a natureza dos lobos é devorar cabritinhas... Mas, quando ela se voltou, ele começou a rir com maldade: "Ah, ah! A cabrita do sr. Seguin!", e ele passava a língua nos seus beiços úmidos. A cabra também sabia que o lobo iria comê-la; mas isso não a impedia de se defender, como boa cabra do sr. Seguin que era. Ela lutou a noite inteira, meu menino, a noite inteira... Depois, a madrugadinha branca chegou. Um galo cantou lá embaixo, na planície. "Enfim!", disse a cabritinha, que só estava esperando o dia para morrer, e se deitou no chão, com sua bela pelagem branca, toda manchada de sangue. Então o lobo se atirou sobre ela e a devorou.

O INOCENTE

Seria a mesma coisa se ela tivesse deixado o lobo a comer logo, não é?

BALTHAZAR

Não é por dizer. Esse Inocente! Como ele pega bem o fio das coisas...

CENA III

OS MESMOS, VIVETTE.

VIVETTE, *entrando pelos fundos, com um pacote embaixo do braço e uma pequena cesta na mão*

Deus o conserve, tio Balthazar...

BALTHAZAR

Veja só! Vivette... De onde você vem, menina, assim carregada como uma abelha?

VIVETTE

Chego de Saint-Louis, pelo barco do Ródano. Todo mundo vai bem, por aqui? E o nosso Inocente? (*Abaixando-se para beijá-lo.*) Bom dia.

O INOCENTE, *balindo*

Mé! Mé! É a cabra.

VIVETTE

O que ele está dizendo?

BALTHAZAR

Psiu! Uma bela história que estamos contando: A cabra do sr. Seguin que lutou a noite inteira contra o lobo.

O INOCENTE

E depois, de manhã, o lobo a devorou.

VIVETTE

Ah! Essa é nova; eu não conheço.

BALTHAZAR

Criei essa história no ano passado. De noite, na montanha, quando estou sozinho vigiando meu rebanho, sob a luz dos planetas, eu me divirto criando histórias para o inverno. É só isso que o alegra um pouco.

O INOCENTE

Hu! Hu! Esse é o lobo.

VIVETTE, *de joelhos, perto do Inocente*

Que tristeza! Uma criança tão linda... Será que ele não vai sarar nunca?

BALTHAZAR

É o que eles dizem, todos, mas não é a minha ideia... Sobretudo de uns tempos para cá, parece que alguma coisa se mexe no miolinho dele, como no casulo do bicho-da-seda, quando a borboleta quer sair. Ele está despertando, esse menino! Tenho certeza de que está despertando!

VIVETTE

Seria uma grande felicidade se uma coisa assim acontecesse.

BALTHAZAR, *sonhador*

Felicidade! Depende... É uma proteção para as casas ter um inocente dentro. Veja, desde que esse Inocente nasceu, há quinze anos, nenhum de nossos carneiros ficou doente uma única vez, nem as amoreiras, nem as vinhas. Nada...

VIVETTE

É verdade.

BALTHAZAR

Não tem erro, é a ele que devemos isso. E, se ele despertasse, nossa gente precisaria tomar cuidado. O planeta deles poderia mudar.

O INOCENTE, *tentando abrir a cesta de Vivette*

Estou com fome!

VIVETTE, *rindo*

Vou contar! Para a gulodice, acho que ele está bem desperto, se quer saber. Veja só, o malandrinho! Farejou que havia alguma coisa para ele aqui dentro... Uma rosca de anis que a vovó Renaud fez especialmente para o seu Inocente.

A ARLESIANA

BALTHAZAR, *com interesse*

Renaude vai bem, menina?

VIVETTE

Muito bem, tio, em vista de sua idade avançada.

BALTHAZAR

Você sempre cuida dela, pelo menos?

VIVETTE

Oh! Como não?! A pobre velha só tem a mim.

BALTHAZAR

Ah, claro! Quando você vai fazer suas tarefas fora, como agora, ela fica sozinha, então?

VIVETTE

Quase sempre ela vem comigo. Assim, no mês passado, quando fui colher azeitonas em Montauban, ela veio comigo. Mas, para Castelet, ela não quis nunca vir. E, no entanto, todo mundo aqui gosta de nós.

BALTHAZAR

Talvez seja longe demais para ela.

VIVETTE

Ah, pois saiba que ela ainda tem pernas boas! Se o senhor a visse trotar... Faz tempo que vocês não se encontram, tio Balthazar?

BALTHAZAR, *com esforço*

Ah, sim... Bastante tempo.

O INOCENTE

Estou com fome. Me dê a rosca.

VIVETTE

Não... Agora não.

O INOCENTE

Sim, sim... Eu quero... Senão contarei a Fréderi...

VIVETTE, *embaraçada*

O quê? Contar o que a Fréderi...

O INOCENTE

Sobre aquela vez que você beijou o retrato dele, lá em cima, no quarto grande.

BALTHAZAR

Ora, ora! Veja só!

VIVETTE, *vermelha como uma cereja*

Não acredite no que ele diz...

BALTHAZAR, *rindo*

Quando eu digo que esse menino está ficando esperto!

A ARLESIANA

33

CENA IV

OS MESMOS, ROSE MAMAÏ.

ROSE

Ninguém chegou ainda?

BALTHAZAR

Sim, patroa... Veja aqui.

VIVETTE

Bom dia, madrinha.

ROSE, *surpresa*

Você?! O que veio fazer?

VIVETTE

Madrinha, vim para os bichos-da-seda, como todos os anos.

ROSE

É verdade, eu tinha esquecido... Desde a manhã, não sei onde estou com a cabeça... Balthazar, atente-se um pouco à estrada e veja se nota alguma coisa. (*Balthazar vai até os fundos. O Inocente pega a cesta e foge para a torrezinha.*)

VIVETTE

Está esperando alguém, madrinha?

ROSE

Pois é... Faz duas horas que o mais velho saiu com a charrete, para ir encontrar o tio dele.

BALTHAZAR, *dos fundos*

Ninguém... (*Ele percebe que o Inocente sumiu e entra na torrezinha.*)

ROSE

É que eu o conheço, esse menino!... Se esse casamento falhasse, agora que ele o tem em seu coração...

VIVETTE

O que a senhora quer que aconteça com ele? As estradas são um pouco difíceis, mas Fréderi as percorreu tantas vezes.

ROSE

Oh, não é isso... Meu único temor é de que o oficial Marc tenha trazido más notícias, que aquelas pessoas de lá não sejam o que a gente espera.

VIVETTE

Que pessoas?

ROSE

É que eu conheço, eu conheço, esse menino. Se acontecesse de o casamento não dar certo, agora que ele enfiou essa ideia no coração...

A ARLESIANA

VIVETTE

Fréderi vai se casar?

O INOCENTE, *sentado no fundo do celeiro,*
bem no alto, nas frisas, com sua rosca na mão

Mé! Mé!

ROSE

Misericórdia: o Inocente... Lá em cima! Quer fazer o favor de descer, menino dos diabos!

BALTHAZAR, *no celeiro*

Não tenha medo, patroa, eu estou aqui. (*Ele ergue o menino e entra no celeiro.*)

ROSE

Ah! Eu tremo com esse celeiro quando o vejo aberto. Imagine só, se alguém caísse lá do alto, sobre estas pedras... (*A janela do celeiro se fecha.*)

VIVETTE

A senhora dizia, madrinha, que Fréderi vai se casar?

ROSE

Sim. Como você está pálida... Você também teve medo, hein?

VIVETTE, *sufocada*

E... Com quem... Ele vai se casar?

ROSE

Com uma de Arles... Eles se conheceram aqui num domingo em que houve uma corrida de bois, e, desde então, ele só pensa nela.

VIVETTE

Elas são muito bonitas, dizem, as moças, naquele lugar.

ROSE

E muito vaidosas também. Mas o que você queria? É disso que os homens mais gostam...

VIVETTE, *muito emocionada*

Então... É para valer?

ROSE

Não exatamente. Os dois estão de acordo entre eles, mas o pedido ainda não foi feito. Tudo depende do que o oficial Marc disser. Por isso, se você tivesse visto Fréderi agora há pouco, quando ele foi encontrar o tio... Suas mãos tremiam enquanto ele atrelava... E eu mesma estou meio assim, perturbada. Amo tanto o meu Fréderi! A vida dele tem um lugar enorme dentro da minha! Imagine você, minha filha: ele é mais do que um filho para mim. Na medida em que ele se torna homem, eu encontro o pai dele nele próprio. Esse marido que eu amei tanto, que eu perdi tão rápido, meu filho quase me deu de volta, quando cresceu... Tem a mesma maneira de falar, de olhar. Ah, veja, quando ouço o meu garoto ir e vir à sede, isso tem um efeito sobre mim que nem consigo explicar. Parece que não sou mais tão viúva... E, depois, não sei, existe tanta coisa entre a gente, nossos corações batem tão bem juntos! Veja, sinta como o meu bate depressa. É como se eu também tivesse vinte anos, como se o meu casamento é que estivesse sendo decidido.

FRÉDERI, *do lado de fora*

Mamãe!

ROSE

Ele está aí!

CENA V

OS MESMOS, FRÉDERI, depois BALTHAZAR e O INOCENTE.

FRÉDERI *entra correndo*

Mamãe, tudo vai bem... Me beije... Ah, como estou feliz!

TODOS

E seu tio?

FRÉDERI

Ele está lá... Descendo da charrete. O pobre homem! Eu corri tanto... Ele está arrebentado!

ROSE, *rindo*

Ô menino ruim!

FRÉDERI

Você entende, eu estava desesperado para trazer a boa notícia. Me dê mais um beijo.

ROSE

Então você ama tanto assim sua arlesiana?

FRÉDERI

Se a amo!

ROSE

Mais do que a mim?

FRÉDERI

Oh! Mamãe... (*Tomando o braço de sua mãe.*) Venha buscar o tio.

VIVETTE, *no proscênio*

Ele nem me olhou.

BALTHAZAR, *aproximando-se com o Inocente*

O que você tem, menina?

VIVETTE, *pegando seu pacote*

Eu? Nada. É o calor... O barco... O... Oh! Oh! Meu Deus!

O INOCENTE

Não chore, Vivette... Eu não direi nada a Fréderi!

BALTHAZAR

Felicidade de um, tristeza do outro; a vida é assim.

FRÉDERI, *no fundo, acenando com o chapéu*

Viva o oficial Marc!

CENA VI

OS MESMOS, O OFICIAL MARC, depois FRANCET MAMAÏ.

O OFICIAL MARC

Primeiro, e de uma vez por todas, não existe mais oficial Marc. Eu sou, a partir deste ano, capitão de cabotagem, com certificados, diplomas e tudo mais. Portanto, meu rapaz, se sua língua não arranhar muito, me chame de capitão. (*Esfregando os flancos.*) E conduza a charrete de um jeito mais suave.

FRÉDERI

Sim, capitão.

O OFICIAL MARC

Muito bem. (*A Rose.*) Bom dia, Rose. (*Ele a beija. Notando Balthazar.*) Ei! Aí está o velho tio Planeta.

BALTHAZAR

Salve, salve, marinheiro.

O OFICIAL MARC

Como assim, marinheiro? Pois eu disse...

FRANCET MAMAÏ, *chegando*

E então! Quais as novidades?

O OFICIAL MARC

A novidade, mestre Francet, é que o senhor vai ter que vestir o seu belo paletó florido e ir até a cidade fazer seu pedido. Estão esperando o senhor...

FRANCET MAMAÏ

Então, é tudo bom?

O OFICIAL MARC

Tudo o que há de melhor. Gente boa, sem-cerimônia, como o senhor ou eu... E um licor!

ROSE

Como! Um licor?

O OFICIAL MARC

Divino. Foi a mãe que fez. Uma receita de família. Nunca bebi nada igual...

ROSE

Então você foi à casa deles?

O OFICIAL MARC

Mas é claro! Você pensa que, para uma ocasião assim, não se pode confiar em ninguém, só em si mesmo... (*Mostrando seus olhos.*) Não há informação que valha duas boas lunetas da Marinha como estas daqui!

FRANCET MAMAÏ

Então você está contente?

O OFICIAL MARC

Podem confiar em mim. O pai, a mãe, a filha... É tudo lingote de ouro, como o licor deles...

FRANCET MAMAÏ, *a Balthazar, com um ar de triunfo*

Hein? Está vendo?

O OFICIAL MARC

Agora espero que vocês me façam isso bem rápido...

FRÉDERI

Assim espero.

O OFICIAL MARC

Primeiro, eu, eu não me movo daqui até que o casamento esteja feito. Pus a *Belle Arsène* no dique seco por quinze dias; e, enquanto vocês afinam os violinos, irei dizer umas palavrinhas às codornas. Pan! Pan!

BALTHAZAR, *em tom de zombaria*

Sabe, marinheiro, se você precisar de alguém para carregar seu embornal de caça...

O OFICIAL MARC

Obrigado, obrigado, tio Planeta... Eu trouxe minha tripulação.

ROSE, *assustada*

Sua tripulação! Ah, bom Deus!

FRÉDERI, *rindo*

Oh, não tenha medo, mamãe. A tripulação do capitão não é muito grande; está aí, chegou...

CENA VII

OS MESMOS, UM VELHO MARINHEIRO.

Ele entra com uma espécie de resmungo surdo e saúda à direita e à esquerda; ele transpira; está carregado de fuzis, de embornais de caçador, de grandes botas para os pântanos.

O OFICIAL MARC

A tripulação inteira não está aí! Temos ainda o grumete, mas ele ficou em Arles para vigiar a reparação do barco. Venha, venha, marinheiro; você cumprimentará todo mundo no domingo. Você trouxe minhas botas, meu fuzil?

O TRIPULANTE

Sim, oficial.

O OFICIAL MARC, *furioso, à meia-voz*

Animal, me chame de capitão!

O TRIPULANTE

Sim, ofi...

O OFICIAL MARC

Está bem! Ponha tudo isso lá dentro. (*O marinheiro entra na sede.*) Ele não é muito esperto, mas é um homem e tanto.

FRANCET MAMAÏ

Ei, Rose, veja, ele parece estar com muita sede, o tripulante!

O OFICIAL MARC

E o capitão, então! Duas horas sacudindo, sob o sol, nessa charrete dos diabos.

ROSE

Pois bem! Vamos entrar. O pai acabou de furar uma barriquinha de moscatel especial para você.

O OFICIAL MARC

É famoso, o moscatel do Castelet... Com o licor da moça, vocês vão ter uma adega daquelas... (*Pegando o braço de Fréderi.*) Venha aqui, rapaz; vamos beber à sua namorada.

CENA VIII

BALTHAZAR, depois O GUARDIÃO.

BALTHAZAR, *sozinho*

Pobre Vivettezinha! De luto por toda a vida... Amar sem dizer nada e sofrer! Vai ser o planeta dela, como o da avó. (*Ele acende o pito. – Longo silêncio. – Coro nas coxias. – Levantando a cabeça, nota o Guardião, de pé, no umbral da porteira, seu chicote curto a tiracolo,*

o paletó sobre os ombros, um saco de couro pendurado na cintura.)
Olhe! O que quer, esse aí?

O GUARDIÃO, *avançando*

O Castelet é bem aqui, pastor?

BALTHAZAR

Parece.

O GUARDIÃO

Seu patrão está aí?

BALTHAZAR, *mostrando a sede*

Entre! Eles estão à mesa.

O GUARDIÃO, *com vivacidade*

Não! Não! Não entro. Vá chamar.

BALTHAZAR, *olhando para ele com curiosidade*

Ué! Que engraçado. (*Chama.*) Francet! Francet!

FRANCET MAMAÏ, *à porta*

O que é que há?

BALTHAZAR

Venha ver aqui... Há um homem que quer falar com você.

A ARLESIANA
45

CENA IX

OS MESMOS, FRANCET MAMAÏ.

FRANCET MAMAÏ, *chegando com pressa*

Um homem! Por que não entra? O senhor tem medo de que o meu telhado caia na sua cabeça, amigo?

O GUARDIÃO, *baixo*

O que tenho a dizer é só para o senhor, mestre Francet.

FRANCET MAMAÏ

Por que está tremendo? Fale, sou todo ouvidos. (*Balthazar fuma no seu canto.*)

O GUARDIÃO

Dizem que seu neto vai se casar com a moça de Arles... É verdade, patrão? (*Ouve-se na casa uma alegre animação de risos e garrafas.*)

FRANCET MAMAÏ

É verdade, meu rapaz. (*Mostrando a sede.*) Ouça as risadas lá dentro; estamos bebendo ao noivado.

O GUARDIÃO

Então me ouça: o senhor vai entregar seu filho a uma sem--vergonha, que é minha amante há dois anos. Os pais dela sabem de tudo e tinham prometido que ela seria minha. Mas, depois que o seu filho começou a ir atrás dela, nem eles, nem ela, querem mais saber de mim. Eu pensava que, depois disso, ela não poderia mais ser mulher de ninguém.

FRANCET MAMAÏ

É uma coisa terrível... Mas, enfim, quem é o senhor?

O GUARDIÃO

Eu me chamo Mitifio. Guardo os cavalos lá, nos pântanos de Pharaman. Os seus pastores me conhecem bem.

FRANCET MAMAÏ, *baixando a voz*

O senhor está seguro, pelo menos, do que diz? Cuidado, rapaz. Às vezes a paixão, a raiva...

O GUARDIÃO

O que eu digo eu provo. Quando a gente não podia se ver, ela me escrevia; depois ela pegou as cartas, mas eu guardei duas: estão aqui; com a letra dela e assinadas por ela.

FRANCET MAMAÏ, *olhando as cartas*

Meu Deus do céu! O que é que está acontecendo?

FRÉDERI, *do interior*

Vovô, vovô!

O GUARDIÃO

É covarde, não é, o que estou fazendo? Mas aquela mulher é minha, e quero guardar para mim, pouco importa o que eu fizer.

FRANCET MAMAÏ, *com orgulho*

Pode ficar tranquilo; não será a gente que vai tirar a moça do senhor... Pode me deixar estas cartas?

O GUARDIÃO

Claro que não! É tudo o que me resta dela e... (*Baixo, com raiva.*) É com isso que eu a seguro.

FRANCET MAMAÏ

Mas eu tenho muita necessidade delas. O garoto tem o coração orgulhoso; bastaria que ele lesse isso... É o que ele precisa para ficar curado.

O GUARDIÃO

Está bem! Que assim seja, patrão, pegue... Confio na sua palavra. Seu pastor me conhece, ele pode me levar as cartas de volta.

FRANCET MAMAÏ

Prometido.

O GUARDIÃO

Adeus. (*Está para sair.*)

FRANCET MAMAÏ

Diga, camarada, a estrada é comprida daqui até Pharaman; quer tomar um copo de moscatel?

O GUARDIÃO, *com um ar sombrio*

Não! Obrigado. Minha tristeza é maior do que minha sede... (*Sai.*)

CENA X

FRANCET MAMAÏ, BALTHAZAR, sempre sentado.

FRANCET MAMAÏ

Você ouviu?

BALTHAZAR, *gravemente*

Mulher é como pano, é melhor não escolher à luz de vela.

FRÉDERI, *na sede*

Mas venha então, vovô... Nós vamos beber sem o senhor.

FRANCET MAMAÏ

Como dizer isso para ele, meu Deus!

BALTHAZAR, *levantando-se com energia*

Coragem, velho!

CENA XI

OS MESMOS, FRÉDERI, depois TODO MUNDO.

FRÉDERI, *avançando para a porta, com o copo na mão*

Vamos, vovô! À saúde da arlesiana!

FRANCET MAMAÏ

Não... Não... Meu filho... Jogue o copo; esse vinho envenenaria você.

FRÉDERI

O que o senhor está dizendo?

FRANCET MAMAÏ

Eu digo que essa mulher é a última das últimas, e que, por respeito à sua mãe, o nome dela não deve mais ser pronunciado aqui. Está aqui! Leia.

FRÉDERI *olha as duas cartas*

Oh! (*Dá um passo em direção a seu avô.*) É verdade, isso... (*Depois, com um grito de dor, cai sentado na beira do poço.*)

SEGUNDO ATO

SEGUNDO QUADRO
AS MARGENS DO CHARCO DE VACCARÈS, EM CAMARGUE

À direita, moita de grandes caniços. – À esquerda, um rancho de carneiros. – O imenso horizonte deserto. – Em primeiro plano, caniços cortados, reunidos em feixes; uma grande foice jogada em cima. – Ao abrir da cortina, a cena permanece vazia por um momento e se ouvem coros ao longe.

PRIMEIRA CENA

ROSE, VIVETTE, O OFICIAL MARC.

*Rose, Vivette, ao fundo – Em primeiro plano,
Marc espreitando a caça.*

VIVETTE, *olhando ao longe na planície,
com a mão em aba sobre os olhos*

Fréderi!

> MARC, *levantando seu torso no meio dos caniços,*
> *com gestos desesperados*

Psiu!

> ROSE, *chamando*

Fréderi!

> MARC

Mas que diabos, calem a boca!

> ROSE

É você, Marc?

> MARC, *baixo*

Sim, sou eu. Psiu! Não se mexa... Ele está aí.

> ROSE

Quem? Fréderi?

> MARC

Não! Um flamingo rosa. Um animal magnífico, que nos faz correr atrás dele desde a manhã, em volta do Vaccarès.

> ROSE

Fréderi não está com vocês?

> MARC

Não!

A ARLESIANA

O TRIPULANTE, *escondido*

Oi!

MARC

Oi!

O TRIPULANTE

Foi embora!

MARC

Ah! Com mil milhões de bilhões... Foram essas mulheres danadas... Não tem importância, ele não escapará. Coragem, marinheiro! (*Ele mergulha nos arbustos.*)

CENA II

ROSE, VIVETTE.

ROSE

Como você vê, não estava com o tio dele. Sabe-se lá onde ele foi.

VIVETTE

Pois então, madrinha, não se atormente. Ele não pode estar muito longe. Aí está um feixe de caniços frescos cortados esta manhã. Ele deve ter ouvido as mulheres dizerem que elas estavam sem cerca para os bichos-da-seda, e então pode ter ido foiçar os caniços bem cedinho.

ROSE

Mas por que não voltou para o almoço? Ele não levou seu embornal.

VIVETTE

É que ele deve ter espichado até a propriedade dos Giraud.

ROSE

Você acha?

VIVETTE

Claro. Faz tempo que os Giraud o convidam.

ROSE

É verdade. Não tinha pensado nisso... Sim, de fato, você tem razão. Ele deve ter ido almoçar com os Giraud. Estou contente que isso lhe tenha ocorrido. Não aguento mais. (*Senta-se sobre os caniços.*)

VIVETTE, *ajoelhando e tomando-lhe as mãos*

Madrinha, não é bom se atormentar tanto. Veja, suas mãos estão muito frias.

ROSE

O que você queria? Agora sempre fico com medo quando ele não está perto de mim.

VIVETTE

Medo?

ROSE

Se eu lhe dissesse tudo o que penso... Nunca teve essa ideia quando o vê tão triste?

VIVETTE

Que ideia?

ROSE

Não! Não! Melhor eu não dizer nada. Tem coisas que a gente pensa; mas parece que, se falar, acontecem. (*Com fúria*.) Ah, eu queria que, uma noite, todas as represas do Ródano arrebentassem e que o rio levasse a cidade de Arles, com todos os que lá estão.

VIVETTE

A senhora acha que ele continua pensando naquela moça?

ROSE

Se continua!

VIVETTE

Mas ele nunca fala dela.

ROSE

Ele é muito orgulhoso.

VIVETTE

Então, se é orgulhoso, como então pode amar ainda, agora que está seguro de que ela andava com outro?

ROSE

Ah, minha filha, se você soubesse! Ele não ama do mesmo jeito que antes; talvez ele ame mais ainda.

VIVETTE

Mas, enfim, então o que seria preciso para arrancar essa mulher do coração dele?

ROSE

Seria preciso... Uma outra mulher.

VIVETTE, *muito perturbada*

Verdade? A senhora acredita que seria possível?

ROSE

Ah! Aquela que o curasse, minha filha, como eu a amaria!

VIVETTE

Se é só isso. Não seria por falta de interessadas... Por exemplo: sem ir muito longe, a filha dos Giraud, de quem a gente falava. Eis aí uma moça bonita que ficou girando muito tempo em torno dele. Há também a dos Nougaret; mas talvez ela não tenha dote suficiente.

ROSE

Oh! Isso...

VIVETTE

Nesse caso, madrinha, é preciso que ele se encontre com uma das duas.

A ARLESIANA

ROSE

Sim, mas como? Você sabe como ele está. Ele se esconde, foge, não quer ver ninguém. Não, não! Seria preciso que o amor chegasse até ele, o envolvesse, sem que ele percebesse. Alguém que vivesse perto dele e que o amasse o bastante para suportar sua tristeza. Seria preciso uma boa alma... Honesta... Corajosa... Como você.

VIVETTE

Eu? Eu? Mas eu não o amo.

ROSE

Mentirosa!

VIVETTE

Eh! Está bem, sim! Gosto dele e o amo o suficiente para suportar todas as afrontas, todas as desgraças, se eu soubesse que seria capaz de curá-lo de seu mal. Mas como a senhora quer que isso aconteça? A outra era tão bonita, dizem. E eu sou tão feia.

ROSE

Não, minha querida, você não é feia; você só é triste, e os homens não gostam disso. Para agradar, você precisa rir, sem esconder os dentes. E os seus são tão lindos!

VIVETTE

Posso rir à vontade, ele não vai me olhar mais por isso do que quando eu choro. Ah, madrinha, a senhora que é belíssima e que foi tão amada, diga o que é preciso fazer para que aquele que a gente ama nos olhe e que o nosso rosto inspire o amor...

ROSE

Venha cá. Vou lhe dizer. Primeiro, você precisa acreditar que é bonita, só isso já representa três quartos da beleza. Você parece ter vergonha de si mesma. Esconde tudo o que tem... Seu cabelo, a gente não vê. Amarre uma fita mais para trás. Abra um pouco esse lenço, à moda arlesiana, assim... De forma que ele não pareça estar pendurado no ombro. (*Ela o ajeita enquanto fala.*)

VIVETTE

A senhora está perdendo seu tempo, madrinha. Tenho certeza de que ele não poderá me amar.

ROSE

O que é que você sabe? Você ao menos lhe disse que gosta dele? Como é que você quer que ele adivinhe? Eu sei muito bem como você faz; quando ele está lá, você treme, baixa os olhos. O que você precisa fazer é erguer os olhos e lançá-los com ousadia e honestidade nos dele. É com os olhos que as mulheres falam com os homens.

VIVETTE, *baixo*

Eu nunca teria coragem.

ROSE

Vamos ver. Olhe para mim. Você é linda como uma flor. Eu queria que ele pudesse ver você agora... Bem, sabe de uma coisa? Você deveria ir até os Giraud. Vocês voltarão juntos, sozinhos, pela beira da lagoa. Quando o dia cai, os caminhos são incertos. A gente fica com medo e se encosta um no outro. Ah, meu Deus! O que é que eu estou dizendo agora? Escute, Vivette. Eu lhe peço como mãe. Meu filho está em perigo, só você pode salvá-lo. Você gosta dele, você é bonita, vá!

A ARLESIANA

VIVETTE

Ah, madrinha! Madrinha! (*Ela hesita um minuto, depois sai pela esquerda, bruscamente.*)

ROSE

Se fosse eu, como eu saberia fazer!

CENA III

ROSE, BALTHAZAR, O INOCENTE.

BALTHAZAR *vai até o rancho dos carneiros com o Inocente*

Venha, garoto. Vamos ver se sobraram algumas azeitonas no fundo do meu saco. (*Detendo-se, ao ver Rose.*) Então, patroa, a senhora encontrou Fréderi?

ROSE

Não! Acho que ele foi comer na casa dos Giraud.

BALTHAZAR

É bem possível.

ROSE, *tomando o Inocente pela mão*

Vamos! Precisamos ir para casa.

O INOCENTE, *agarrando-se a Balthazar*

Não... Não... Não quero.

BALTHAZAR

Deixe o menino comigo, patroa. Estamos lá, na beira da lagoa, com o rebanho. Assim que a noite cair, o pastorzinho levará o garoto para casa.

O INOCENTE

Isso... Isso... Balthazar.

ROSE

Ele gosta mais de você do que de nós, esse menino.

BALTHAZAR

De quem é a culpa, patroa? Por mais inocente que seja, ele compreende muito bem que vocês o abandonaram um pouco...

ROSE

Nós o abandonamos? O que você quer dizer? Falta a ele alguma coisa? Não cuidamos dele?

BALTHAZAR

É de ternura que ele precisa. Ele tem tanto direito quanto o outro. Eu lhe disse muitas vezes, Rose Mamaï...

ROSE

Até demais, pastor.

BALTHAZAR

Essa criança é o amuleto da sua casa. Vocês deveriam gostar dele duplamente, primeiro por ele, depois por todos daqui que ele protege.

A ARLESIANA

ROSE

É pena que você não use batina, porque faria bons sermões...
(*Ela dá alguns passos para sair, depois volta para o menino, o abraça com intensidade e parte.*)

O INOCENTE

Que abraço forte!

BALTHAZAR

Pobre garoto. Não é por você que ela o abraçou.

O INOCENTE

Estou com fome, pastor.

BALTHAZAR, *preocupado, mostrando o rancho dos carneiros*

Entre aí e pegue o meu embornal.

O INOCENTE, *que foi abrir a porta do rancho dos carneiros, solta um grito e volta, assustado*

Ai!

BALTHAZAR

O que foi agora?

O INOCENTE

Ele está lá! Fréderi!

BALTHAZAR

Fréderi!

CENA IV

BALTHAZAR, O INOCENTE, FRÉDERI.

BALTHAZAR

O que está fazendo aí?

FRÉDERI

Nada.

BALTHAZAR

Então você não ouviu sua mãe chamando?

FRÉDERI

Ouvi. Mas não quis responder. Essas mulheres me aborrecem. Por que vivem me espiando assim, o tempo inteiro? Quero que me deixem, quero ficar sozinho.

BALTHAZAR

Você está errado. A solidão não é boa para o que você tem.

FRÉDERI

O que eu tenho? Eu não tenho nada.

BALTHAZAR

Se você não tem nada, por que passa todas as noites chorando, se lamentando?

FRÉDERI

Quem disse isso?

BALTHAZAR

Você sabe muito bem que eu sou feiticeiro. (*Enquanto fala, entra no rancho dos carneiros e sai com um alforje de pano que atira ao Inocente.*) Pegue! Procure sua vida!

FRÉDERI

Pois bem! Sim. É verdade. Eu estou doente, eu sofro. Quando fico sozinho, choro, grito... Agora mesmo, lá dentro, escondi minha cabeça na palha para que ninguém me ouvisse... Pastor, eu peço, já que é feiticeiro, me dê alguma erva para comer, alguma coisa que tire o que eu tenho aqui e que tanto me faz sofrer.

BALTHAZAR

Você precisa trabalhar, meu filho.

FRÉDERI

Trabalhar? Faz oito dias que eu terminei a tarefa de dez diaristas; eu me arrebento, eu me canso, não adianta nada.

BALTHAZAR

Então trate de se casar logo. Coração de mulher honesta é um bom travesseiro para dormir.

FRÉDERI, *com raiva*

Não existe mulher honesta! (*Acalmando-se.*) Não! Não! Isso não adianta nada ainda. É melhor que eu vá embora. É o melhor a fazer.

BALTHAZAR

É, a viagem... Isso também é bom. Veja só, daqui a alguns dias, vou partir para a montanha, venha comigo. Você vai ver como a gente se sente bem lá em cima. É cheio de nascentes que cantam e, além disso, de flores, grandes como árvores, e de planetas, planetas!

FRÉDERI

Não é longe o suficiente, a montanha.

BALTHAZAR

Então parta com seu tio... Vá percorrer o mar distante.

FRÉDERI

Não... Não... Não é longe o bastante, o mar distante.

BALTHAZAR

Aonde você quer ir, então?

FRÉDERI *batendo o chão com o pé*

Aqui... Na terra.

BALTHAZAR

Rapaz infeliz! E sua mãe, e o velho que você vai matar ao mesmo tempo! Ora! Seria muito fácil se cada um só pensasse em si. Seria simples descarregar nosso fardo; mas há os outros.

FRÉDERI

Sofro tanto, se você soubesse.

BALTHAZAR

Eu sei o que é! Conheço sua doença, eu também tive.

A ARLESIANA

FRÉDERI

Você?

BALTHAZAR

Sim, eu... Conheci esse tormento que é dizer a mim mesmo: quem eu amo, o dever proíbe de amar. Eu tinha vinte anos, então. A casa em que eu servia era pertinho daqui, no outro braço do Ródano. A mulher do patrão era bonita, e eu me apaixonei por ela. Juntos, nós nunca falamos de amor. Só quando eu estava sozinho no pasto, ela vinha se sentar e rir perto de mim. Um dia, essa mulher me disse: Pastor, vá embora. Agora eu tenho certeza de que amo você... Então parti e vim me empregar na casa de seu avô.

FRÉDERI

E vocês nunca mais se viram?

BALTHAZAR

Nunca mais. E, no entanto, a gente não estava longe um do outro, e eu gostava tanto dela que, anos e anos passados desse amor, veja! Lágrimas me vêm quando falo disso. Tanto faz! Estou contente. Fiz meu dever. Cuide de fazer o seu.

FRÉDERI

E não estou fazendo? Fui eu quem foi falar dessa mulher? Eu voltei lá por acaso? Às vezes... A fúria do amor me toma. Eu digo a mim mesmo, eu vou... Ando... Ando... Até ver surgir os campanários da cidade. Nunca fui mais longe.

BALTHAZAR

Pois bem, então tenha coragem até o fim: passe-me as cartas.

FRÉDERI

Que cartas?

BALTHAZAR

Essas cartas horríveis que você lê dia e noite e que queimam o seu sangue em vez de lhe fazer ter nojo dela, de acalmá-lo, como o velho acreditava.

FRÉDERI

Já que você sabe tudo, diga-me o nome desse homem, e eu lhe entrego as cartas.

BALTHAZAR

De que isso vai lhe servir?

FRÉDERI

É alguém da cidade, não é? Alguém rico... Ela sempre fala de seus cavalos.

BALTHAZAR

É possível.

FRÉDERI

Você não quer me dizer nada; então guardarei as cartas. Se o namorado quiser de volta, que venha me pedir. Assim eu saberei quem é.

BALTHAZAR

Ah, você é louco, três vezes louco! (*Coros do lado de fora.*) Por que é que eles estão chamando os pastores? (*Olhando o céu.*) Na verdade, eles têm razão. O dia está acabando... É preciso recolher os animais. (*Ao Inocente.*) Espere, garoto, estou voltando. (*Ele sai.*)

CENA V

FRÉDERI, O INOCENTE.

FRÉDERI, *sentado sobre os juncos, o Inocente comendo um pouco mais longe*

Todos os namorados têm cartas de amor; eu, de minha parte, tenho estas. (*Ele tira as cartas.*) Não tenho outras... Ah, miséria! Por mais que eu as conheça de cor, preciso lê-las e relê-las constantemente. Isso me machuca, eu morro, mas ainda assim é bom. Como se eu me envenenasse com alguma coisa deliciosa.

O INOCENTE

Aí! Terminei; não tenho mais fome.

FRÉDERI, *olhando as cartas*

Tem esses carinhos aí dentro, e lágrimas, e juramentos de afeição! Dizer que tudo isso é para outro, que está escrito, que eu sei, e que eu ainda gosto dela! (*Com raiva.*) Mas é incrível que o desprezo não consiga matar o amor! (*Ele lê as cartas.*)

O INOCENTE, *vindo se apoiar nos ombros dele*

Não leia o que faz você chorar.

FRÉDERI

Como é que você sabe que isso me faz chorar?

O INOCENTE, *falando devagar e com esforço*

Eu o enxergo bem à noite, no nosso quarto, quando você põe a mão na frente do lampião.

FRÉDERI

Oh! Oh! O pastor tem razão quando diz que você está acordando. É preciso tomar cuidado agora com esses olhinhos aí.

O INOCENTE

Esqueça essas histórias feias, vá. Conheço outras muito mais bonitas. Quer que eu conte uma?

FRÉDERI

Vamos ver!

O INOCENTE, *sentando-se aos pés dele*

Era uma vez... Era uma vez... É engraçado, o começo das histórias, eu nunca lembro. (*Pega sua cabeça com as duas mãos.*)

FRÉDERI, *lendo as cartas*

"Eu me entreguei toda para você." Ah, meu Deus!

O INOCENTE

E então... (*Dolorosamente.*) Eu me canso de tanto procurar. E então ela lutou a noite toda, e depois, de manhã, o lobo a devorou... (*Ele põe a cabeça sobre os juncos e dorme. – Acalanto na orquestra.*)

FRÉDERI

Então a sua história terminou? Meu menino! Ele dormiu contando para mim. (*Ele põe seu paletó sobre o menino.*) Como é bom dormir assim! Eu não consigo, penso demais... E, no entanto, não é minha culpa, mas parece que todas as coisas em volta conspiram para evocá-la, para me impedir de esquecê-la, assim, a última vez que eu a vi foi uma tarde dessas; o Inocente tinha adormecido como agora – e eu, acordado, pensando nela.

CENA VI

OS MESMOS, VIVETTE.

VIVETTE, *percebendo Fréderi, para, falando baixo*

Ah, enfim ele está aí!

FRÉDERI

Então ela veio devagarzinho por trás das amoreiras e chamou meu nome.

VIVETTE, *timidamente*

Fréderi!

FRÉDERI

Oh! Eu sempre tenho a voz dela no meu ouvido.

VIVETTE

Ele não está me ouvindo, espere. (*Ela colhe algumas flores selvagens.*)

FRÉDERI

Eu, por malícia, não me virava. Então, para me avisar, ela começou a sacudir as amoreiras, rindo com todo seu corpo, e eu estava lá, sem me mexer, recebendo seu riso tão lindo que caía sobre mim com as folhas das árvores.

VIVETTE, *chegando por trás, atira-lhe um punhado de flores*

Ah! Ah! Ah! Ah!

FRÉDERI, *perturbado*

Quem está aí? (*Volta-se.*) É você? Oh! Como você me machucou!

VIVETTE

Eu machuquei você?

FRÉDERI

Mas o que você quer de mim com esse seu riso, seu riso insuportável?

VIVETTE

É que... É que eu amo você e me disseram que, para agradar aos homens, é preciso rir. (*Silêncio.*)

FRÉDERI, *perplexo*

Você me ama?

VIVETTE

E há muito tempo! Desde pequenininha...

FRÉDERI

Ah, garotinha, como eu sinto por você!

VIVETTE, *com os olhos voltados para baixo*

Você lembra quando a vovó Renaud nos levava para colher erva-tintureira lá pelos lados de Montmajour? Eu já amava você naquele tempo; quando, mexendo nos arbustos, nossos dedos se tocavam debaixo das folhas, eu não dizia nada para você, mas ficava arrepiada... Isso faz dez anos. Então, pense. (*Silêncio.*)

FRÉDERI

É uma grande infelicidade esse seu amor, Vivette... Eu, eu não a amo.

VIVETTE

Oh! Eu sei perfeitamente. E não é de hoje. Naquele tempo que eu dizia, você já começava a não me amar. Quando eu lhe dava alguma coisa, você sempre repassava para os outros.

FRÉDERI

Então! O que é que você quer de mim? Sabendo que eu não amo você e nunca amarei.

VIVETTE

Você nunca vai me amar, não é verdade? É o que eu dizia... Mas, escute, não é minha culpa, foi sua mãe quem quis.

FRÉDERI

Então era isso que vocês planejavam juntas havia pouco.

VIVETTE

Ela gosta tanto de você, sua mãe! Está tão infeliz vendo você sofrer! Pensou que seria bom se você se aproximasse de alguém, por isso ela me mandou ao seu encontro... Não fosse por ela, eu não teria vindo. Eu não estou mendigando; o que eu tinha teria me bastado. Vir até aqui duas ou três vezes por ano, pensar nisso com tanta antecedência, e ainda mais depois... Ouvir você, estar ao seu lado, eu não queria mais do que isso. Você não sabe, quando eu chegava na sua casa, o quanto meu coração batia só de ver sua porta. (*Movimento de Fréderi.*) E veja como eu sou infeliz! Essas felicidades que eu tinha com nada, mas que enchiam minha vida, agora me fizeram perder até isso. Porque agora terminou, e eu compreendo bem... Depois de tudo o que eu disse, eu não conseguiria ficar na sua frente. Preciso partir para nunca mais voltar.

FRÉDERI

Tem razão, vá embora, é melhor assim.

VIVETTE

Só que, antes que eu parta, deixe pedir uma coisa, uma última coisa. O mal que essa mulher fez para você, outra mulher pode curar. Procure outra namorada e não fique desesperado só por essa daí. Pense que infelicidade dobrada seria para mim estar longe e ficar pensando: ele não é feliz. Oh, meu Fréderi! Eu lhe peço de joelhos: não vá morrer por causa daquela mulher. Há outras. Nem todas são feias como Vivette. Conheço muitas que são bem bonitas e, se você quiser, eu lhe digo.

FRÉDERI

Só me faltava essa perseguição... Nem você, nem as outras, nem as bonitas, nem as feias, não quero a preço nenhum. Diga isso claramente para minha mãe. Que, ao menos, ela não fique me enviando mais. Primeiro, tenho horror de todas. É sempre a mesma careta. Mentira, mentira e mais mentira. Assim, você, que está aí se arrastando nos seus joelhos e me suplicando amor,

A ARLESIANA

quem me garante que você não tem um amante em algum lugar, que também vai aparecer com cartas?

VIVETTE, estendendo os braços para ele

Fréderi!

FRÉDERI, com um soluço

Ah! Você está vendo que estou louco e que é preciso me deixar tranquilo. (*Ele sai correndo.*)

CENA VII

VIVETTE, O INOCENTE, depois ROSE.

Cai a noite.

VIVETTE, de joelhos, soluçando

Meu Deus! Meu Deus!

O INOCENTE, assustado

Vivette!

ROSE

O que é que há? Quem está chorando?

VIVETTE

Ah! Madrinha!

ROSE

É você? E Fréderi?

VIVETTE

Ah! Eu bem que havia dito para a senhora que ele não me amaria nunca... Se a senhora soubesse o que ele me disse, o jeito como falou...

ROSE

Mas onde ele está?

VIVETTE

Acabou de ir embora, por lá, correndo como um desvairado. (*Um tiro ilumina os caniços do lado que mostra Vivette.*)

AS DUAS MULHERES

Ah! (*Elas permanecem petrificadas, pálidas.*)

MARC, *nos juncos*

Olá!

A TRIPULAÇÃO

Errou!

VIVETTE

Ah! Como eu tive medo!

ROSE

Teve medo, é? Está vendo, você pensa como eu... Não! Não! Não é possível, é preciso tomar uma decisão, não consigo viver desse jeito. Venha...

A ARLESIANA

TERCEIRO QUADRO
A COZINHA DO CASTELET

À direita, no canto, lareira com coifa grande. – À esquerda, longa mesa e banco de carvalho, baús, portas internas. – É de manhãzinha.

PRIMEIRA CENA

O OFICIAL MARC, O TRIPULANTE.

O oficial Marc, numa cadeira, transpira muito para entrar em suas grandes botas de pântano. – O tripulante, todo carregado, está encostado na mesa e dorme de pé.

MARC

Veja bem, marinheiro, em Camargue, não há nada como a vigília da manhã. (*Puxando sua bota.*) Eh! Assim mesmo! Durante o dia, é preciso correr na lama, levantar as pernas como um cavalo cego. Para matar o quê? Nem sequer um marreco... Oh! Puxe! Estou preparado... Na madrugada, em vez disso, os gansos, os flamingos, as galinholas, tudo isso passa voando em formação sobre a cabeça, é só atirar no monte. Pam! Pam! Vale a pena, hein? O que me diz? Ei! Aí! Ei! Você está dormindo, marinheiro?

O TRIPULANTE, *sonhando*

Errou!

MARC

Como! Errou! Mas eu não atirei. (*Sacudindo-o.*) Então acorde, animal.

O TRIPULANTE

Sim, ofi...

MARC

Hein?

O TRIPULANTE, *afobadamente*

Sim, capitão.

MARC

Tanto melhor! Vamos, venha. (*Abre a porta dos fundos.*) Eis aqui um ventinho branco que vai refrescar sua fuça... Oh! Oh! As garças voam no pântano. É um bom sinal. (*No momento em que põe o pé para fora, ouve-se uma janela se abrindo.*)

ROSE, *do lado de fora, chamando*

Marc...

MARC

Ei!

ROSE

Não vá... Preciso falar com você.

MARC

Mas é que a vigília...

ROSE

Vou acordar o pai... Nós vamos descer; espere. (*A janela se fecha.*)

A ARLESIANA

MARC, *voltando, furioso*

Droga! A nossa vigília acabou... Trrr... O que ela tem assim de tão urgente para me dizer? Sem dúvida para me falar dessa arlesiana. (*Ele anda de um lado para o outro.*) Que diabos! Se isso continuar, a casa vai ficar insuportável. O rapaz não abre a boca, o avô está sempre com olhos vermelhos, a mãe emburrada... Como se a culpa fosse minha! (*Parando na frente do tripulante.*) Você acha que a culpa é minha, hein?

O TRIPULANTE

É, capitão...

MARC

Como! Certo... Preste atenção no que diz. Será que eu poderia ir ver por debaixo dos cascos dessa sirigaita para saber se ela perdeu uma ou duas ferraduras no caminho? E depois, enfim, o quê! Tanta história por um namorico! Se todos os homens fossem como eu... Sem essa! Eu gostaria de ver a jararaca que conseguisse me agarrar... (*Dando um soco camarada no tripulante.*) E você também, marinheiro, você certamente também desejaria ver a jararaca... (*Ele ri, o tripulante ri, e eles se olham.*)

CENA II

OS MESMOS, VIVETTE, com pacotes.

VIVETTE

Já de pé, capitão...

MARC

Ei! É nossa amiga Vivette... Onde vamos assim tão cedo, miss Vivette, com esses grandes embrulhos?

VIVETTE

Vou levar minha bagagem ao vigia do Ródano. Parto no barco das seis.

MARC

Você vai embora?

VIVETTE

Sim, capitão, eu preciso.

MARC

Como diz isso alegremente: "Eu preciso"? E os seus amigos do Castelet, seu coração não fica triste de ir para longe deles?

VIVETTE

Ah, claro, claro que sim; mas lá, em Saint-Louis, há uma velha que está triste de ficar sozinha, e essa ideia me dá coragem de partir. Ah! Virgem Maria! Mas eu fico falando. E o fogo que não está aceso... E a comida dos homens... Justamente, esta manhã, a cozinheira que está doente... Rápido, rápido...

MARC

Você quer que eu ajude?

VIVETTE

Com prazer, capitão. Veja lá, atrás da porta, dois ou três feixes de lenha de vinha.

MARC, *pegando os feixes*

Aqui estão, aqui estão. (*Ao tripulante.*) O que está me olhando? Nunca me viu?

VIVETTE, *pegando a lenha*

Obrigada. Agora é só assoprar...

MARC

Pode deixar.

VIVETTE

Assim! Durante esse tempo eu vou até o barco, reservar o meu lugar.

MARC, *com vivacidade*

Você vai voltar, ao menos?

VIVETTE

Sem dúvida! Não posso deixar de me despedir de minha madrinha... (*Carregando seu pacote.*) Hop!

MARC

Deixe, deixe. O tripulante leva isso para você. É muito pesado. Ei! Marinheiro... Então! O quê! O que você tem? Por que está espantado? Pegue esses pacotes, estou dizendo...

VIVETTE

Até logo, capitão. (*Ela sai.*)

CENA III

O OFICIAL MARC, *sozinho*

Se essa daí for embora, vou contar, estamos bem arranjados. Era só ela de alegre e viva nesta casa... E, além disso, tão agradável, tão educada com todo mundo, sabendo tão bem dar os títulos. "Sim, capitão, não, capitão!" Ela não teria faltado com isso nem uma vez. He! He! Bem que não seria nada desagradável de ver um lindo passarinho assim trotando no convés da *Belle Arsène*! E então! E então! O que está acontecendo comigo? Será que eu também... Decididamente há um ar ruim nestes lugares. Creio que essa arlesiana pôs fogo em nós todos. (*Assopra com raiva.*)

CENA IV

O OFICIAL MARC, BALTHAZAR.

BALTHAZAR, *apoiado à mesa, olhando por um momento*

Tempo bonito para as narcejas, marinheiro...

MARC, *surpreso e constrangido*

Ah! É você? (*Joga o fole.*)

BALTHAZAR

O céu está preto de caça, lá dos lados de Giraud.

MARC, *levantando-se*

Nem me fale. Estou furioso. Eles me fizeram perder minha tocaia...

A ARLESIANA

BALTHAZAR

E é para acalmar seu sangue que você... (*Faz o gesto de assoprar o fogo.*) Para fazer isso, não precisa calçar as botas. (*Ele ri.*)

MARC

Está bom! Está bom! Velho malicioso. (*À parte.*) Esse cara precisa estar sempre nas costas da gente! (*Vendo o pastor se instalar junto à lareira e acender seu pito.*) Ah! Então você também foi convocado, é?

BALTHAZAR

Convocado?

MARC

Pois é... Parece que vai haver um grande conselho de família esta manhã. Não sei o que aconteceu com eles. Outra vez alguma história... Psiu! Eles estão chegando.

CENA V

OS MESMOS, ROSE, FRANCET MAMAÏ.

ROSE

Entre, papai.

MARC

O que está havendo, então?

ROSE

Feche a porta.

MARC

Oh! Oh! Parece que é sério.

ROSE

Muito sério... (*Vendo Balthazar.*) Você está aí?

BALTHAZAR

Estou sobrando, patroa?

ROSE

Na realidade, não, você pode ficar. O que eu tenho para dizer a eles, você sabe tanto quanto nós... É uma coisa terrível, sobre a qual todos nós pensamos veladamente e ninguém tem coragem de verbalizar. Só que agora o tempo está passando, e precisamos conversar de uma vez por todas.

MARC

Aposto que se trata do rapaz.

ROSE

Sim, Marc, você adivinhou. Trata-se do meu filho que está morrendo. É importante falar disso.

FRANCET MAMAÏ

O que é que você está dizendo?

ROSE

Estou dizendo que o nosso filho está morrendo, vovô, e vim perguntar se devemos simplesmente ficar olhando que ele vá se esvaindo assim, sem fazer nada?

MARC

Mas, afinal, o que é que ele tem?

ROSE

Ele sentiu que renunciar à sua arlesiana está acima de suas forças. Ele sente que essa luta o tem esgotado... Que esse amor o está matando.

MARC

Tudo isso não nos diz do que ele está morrendo. A gente morre de pleurisia, de uma grua que cai na cabeça, de uma onda que nos leva; mas, que diabos! Um rapaz de vinte anos, bem amarrado na âncora, não vai se deixar ir à deriva por causa de uma contrariedade no amor...

ROSE

Você acha, Marc?

MARC, *rindo*

Ah! Ah! A gente precisa vir até Camargue para encontrar ainda essas superstições; é a música da moda, este inverno, no teatro do Alcazar de Arles... (*Com pretensão.*)

Felizmente que não se morre de amor
Felizmente (bis) que não se morre de amor.
(*Silêncio de morte.*)

BALTHAZAR, *junto à lareira*

Barril vazio canta bem!

MARC

O quê?

ROSE

Sua música é mentirosa, Marc. Existem belos jovens com bons vinte anos que morrem de amor, e mesmo, no mais das vezes, por acharem essa morte demorada demais, os que contraem essa estranha doença se livram da existência, para que ela acabe mais rápido...

FRANCET MAMAÏ

Será possível, Rose? Você acha que o menino...

ROSE

Ele tem a morte nos olhos, estou dizendo. Olhem bem para ele e verão. Eu, faz oito dias que estou vigiando, fiz minha cama no quarto dele e, de noite, eu me levanto para escutar... Vocês acham que isso lá é vida, para quem é mãe? Fico tremendo o tempo inteiro, tenho medo de tudo por ele. Os fuzis, o poço, o celeiro... Primeira coisa, já aviso, vou mandar emparedar a janela daquele celeiro. Dá para ver as janelas de Arles lá de cima, e todas as noites o menino sobe para olhar. Eu fico assustada. E o Ródano... Oh! Esse Ródano! Sonho com ele, e ele também. (*Baixo.*) Ontem, ele ficou mais de uma hora na frente da casa do vigia, olhando a água com olhos loucos... Ele só tem essa ideia na cabeça, tenho certeza. Se ainda não fez nada, é porque estou lá, sempre lá, atrás dele, para velá-lo, mas agora me encontro no fim das minhas forças e sinto que ele vai me escapar.

FRANCET MAMAÏ

Rose! Rose!

ROSE

Escute, Francet. Não faça como Marc, não dê de ombros para o que eu estou dizendo... Esse menino, eu conheço melhor que vocês e sei do que ele é capaz. Ele tem o sangue de sua mãe, e eu... Se não me tivessem dado o homem que eu queria, sei bem o que eu teria feito.

FRANCET MAMAÏ

Mas, enfim, por favor... Não podemos deixar que ele se case... Com essa...

ROSE

Por que não?

FRANCET MAMAÏ

Você não está pensando nisso, minha filha?

O OFICIAL MARC

Pelo amor de Deus!

FRANCET MAMAÏ

Sou só um camponês, Rose, mas preservo a honra do meu nome e da minha casa, como se eu fosse o senhor de Caderousse ou de Barbantane. Essa arlesiana, na minha casa! Safa!

ROSE

De fato, admiro vocês dois falando em honra. Pois bem! E eu? O que eu teria então a dizer? (*Avançando para Francet.*) Já faz vinte anos que sou sua filha, mestre Francet, e o senhor já ouviu alguma vez uma palavra ruim a meu respeito? Alguém poderia encontrar, em algum lugar, mulher mais honesta, mais fiel ao seu dever? Eu preciso dizer, porque ninguém está pensando nisso... O meu homem, quando morreu, não testemunhou para todo mundo meu comportamento e minha lealdade? E se eu, eu, consentir em introduzir essa safada na minha casa, em dar a ela o meu menino, esse pedaço de mim mesma, em dizer "minha filha", ah, isso! Vocês, por acaso, acreditam que será menos duro para mim do que para vocês? E, no entanto, estou pronta para fazer isso, porque só assim ele poderá se salvar.

FRANCET MAMAÏ

Tenha piedade de mim, minha filha, você acaba comigo...

ROSE

Oh, meu pai, eu lhe peço, pense no seu Fréderi! O senhor já perdeu seu filho... Esse é seu neto, seu filho duas vezes, e o senhor quer perdê-lo também?

FRANCET MAMAÏ

Mas eu morro, com esse casamento...

ROSE

Eh! Todos nós iremos morrer disso... E daí, o que importa? Desde que o menino viva.

FRANCET MAMAÏ

Quem diria que isso me aconteceria, meu Deus! Que eu veria uma coisa dessas...

BALTHAZAR, *levantando-se de repente*

Conheço um que não vai ver isso, por exemplo. Como, aqui, no Castelet, uma rameira que rolou com todos os campeiros de Camargue... Pois bem! Bela coisa... (*Jogando seu manto, seu cajado.*) Pegue minha capa e meu bastão, mestre Francet. Faça minhas contas, que eu vou embora.

FRANCET MAMAÏ *implorando*

Balthazar, é pelo menino. Pense! Eu só tenho esse.

ROSE

Eh! Deixe que ele vá, então. Ele tomou lugar demais aqui em casa, esse empregado.

BALTHAZAR

Ah! É correto quando dizem que mil ovelhas sem um pastor não formam um bom rebanho. O que falta há muito tempo nesta casa é um homem para dirigir. Há mulheres, crianças, velhos: falta o patrão.

ROSE

Responda francamente, pastor. Você acredita que o menino é capaz de se matar se nós não lhe dermos essa moça?

BALTHAZAR, *grave*

Acredito.

ROSE

E você prefere que ele morra?

BALTHAZAR

Cem vezes!

ROSE

Vá embora, miserável, vá, feiticeiro de mau agouro... (*Ela se atira sobre ele.*)

FRANCET MAMAÏ, *interpondo-se*

Deixe, Rose, deixe. Balthazar é de um tempo mais duro do que o seu, quando a honra prevalecia acima de tudo. Eu também sou desse tempo, mas não sou mais digno dele. Vou fazer suas contas, você pode ir, pastor...

BALTHAZAR

Não! Ainda não... O rapaz está descendo aí. Estou curioso para ver como vocês farão para dizer isso a ele. Fréderi, Fréderi, seu avô quer falar com você...

CENA VI

OS MESMOS, FRÉDERI.

FRÉDERI

Ué! Todo mundo está aí! O que se passa? O que é que vocês têm?

ROSE

E você, meu menino infeliz, o que é que você tem? Por que está tão pálido, tão febril? Veja! Vovô, olhe para ele, não é mais do que a sombra de si mesmo...

FRANCET MAMAÏ

É verdade que ele mudou muito...

FRÉDERI, *sorrindo palidamente*

Bah! Estou um pouquinho doente. Mas não é nada, um pouco de febre, vai passar. (*A Francet.*) O senhor queria falar comigo, vovô?

FRANCET MAMAÏ

Sim, meu menino, eu queria dizer a você... Eu... Tu... (*Baixo para Rose.*) Diga você a ele, Rose; eu nunca seria capaz.

ROSE

Escute, meu filho, todos nós sabemos que você vem enfrentando um sofrimento grande, que você não quer falar para nós. Você está sofrendo, está infeliz... É aquela mulher, não é?

FRÉDERI

Cuidado, minha mãe. A gente disse que nunca ninguém pronunciaria aquele nome aqui.

ROSE, *com explosão*

Mas é preciso porque você está morrendo disso... Porque você quer morrer disso... Oh! Não minta. Eu sei, você só encontrou essa maneira para arrancar a paixão do seu peito; partindo deste mundo com ela... Pois bem! Meu filho, não morra; independente de como ela seja, essa arlesiana maldita, fique com ela. Nós a entregamos a você.

FRÉDERI

Será possível? Minha mãe... Mas não pense nisso! A senhora sabe perfeitamente o que essa mulher é...

ROSE

Mas você gosta dela...

FRÉDERI

Assim, de fato, minha mãe, a senhora consentiria? E o senhor, vovô, o que me diz? O senhor ficou vermelho? Abaixou a cabeça? Ah, pobre velho, como isso deve lhe custar... Vocês todos precisam me amar muito para fazer um sacrifício desses! Pois bem! Não, mil vezes não! Não aceito. Levantem a cabeça, meus amigos, e me olhem sem se envergonharem. A mulher a quem eu darei o nosso nome será digna, eu prometo...

CENA VII

OS MESMOS, VIVETTE, vindo pelos fundos.

VIVETTE, *parando timidamente*

Perdão... Estou incomodando!

FRÉDERI *a retém*

Não... Fique... Fique. O que o senhor diz, vovô? Creio que esta aqui o senhor não teria vergonha de chamar de filha...

TODOS

Vivette!

VIVETTE

Eu?

FRÉDERI *a Vivette, que ele ampara*

Você sabe o que me disse: o mal que essa mulher fez para mim só outra mulher pode curar. Você quer ser essa mulher, Vivette? Quer que eu lhe dê meu coração? Ele está bem doente, bem abalado com os solavancos que recebeu, mas não importa! Acho que, se você cuidar disso, conseguirá se dar bem. Quer tentar, diga? (*O avô e a mãe ficam desnorteados, com os braços estendidos para Vivette, com um ar suplicante.*)

VIVETTE, *escondendo-se no seio de Rose*

Responda por mim, madrinha.

BALTHAZAR, *soluçando, toma a cabeça de Fréderi em suas mãos*

Ah, meu menino querido, Deus o abençoe por todo o bem que você me faz!

TERCEIRO ATO

QUARTO QUADRO
O PÁTIO DE CASTELET

COMO NO PRIMEIRO QUADRO

Apenas limpo, luzente, endomingado. – Nos dois lados da porta do fundo, um mastro de festa com guirlandas de flores. – No alto da porta, um buquê gigantesco de trigo verde, de marianinhas, papoulas, anêmona dos bosques. – Um vaivém dos criados e criadas com roupas de festa. – Diante do poço, uma criada que enche sua moringa. – De vez em quando, a brisa traz, por lufadas, um som de pífaro, um toque de pandeiros.

PRIMEIRA CENA

BALTHAZAR, CRIADOS, CRIADAS.

Balthazar entra pelo fundo, suando, coberto de poeira.

OS CRIADOS

Ah! Balthazar chegou.

UM DOS CRIADOS

Bom dia, tio.

BALTHAZAR, *alegremente*

Salve, salve, rapaziada... (*Ele vai se sentar na beirada do poço.*)

A CRIADA

Meu Deus! Como o senhor está suado, meu pobre pastor!

BALTHAZAR, *limpando a testa*

Vim de longe, e o sol está forte. Dê aqui sua moringa... (*A mulher levanta a moringa e o faz beber.*)

A CRIADA

Se é possível deixar seu corpo assim nesse estado, na sua idade...

BALTHAZAR

Bah! Não sou tão velho como vocês pensam. É só esse sol forte e danado, com o qual não estou acostumado... Pense, minha filha: fazia sessenta anos que eu não passava um mês de junho na planície. (*Os criados se aproximam e fazem uma roda em volta dele.*)

UM CRIADO

É verdade, tio. O senhor está atrasado para a passagem dos rebanhos.

BALTHAZAR

Certo! Claro. Os animais não estão contentes, mas o que você quer? Casei o pai, casei o avô, não podia ir embora sem casar o rapaz... Felizmente, não vai demorar: hoje, publicam o anúncio de casamento, primeiro, último; quinta-feira, os presentes, sábado, o casório. Depois, embora para a montanha.

A CRIADA

Então o senhor nunca descansa, tio Balthazar? O senhor pensa então em levar os animais até o seu último suspiro?

BALTHAZAR

Se eu penso! (*Tirando o chapéu.*) Para o grande Pastor que está lá no alto, nunca pedi nada, exceto uma coisa: me fazer morrer nos Alpes, no meio do meu rebanho, numa dessas noites de julho bem estreladas... Seja como for, não me preocupo. Tenho certeza de partir desse jeito; é o meu planeta! Mais um gole, minha gatinha. (*Ele bebe, a criada segura a moringa.*)

OS CRIADOS, *olhando-se entre si, com admiração*

Que coisa, ele sabe o que é o planeta dele.

CENA II

OS MESMOS, O OFICIAL MARC e O TRIPULANTE.

O oficial Marc apareceu no balcão. Está endomingado, colete de seda, quepe dourado com largos galões, gravata de seda, camisa com jabô.

MARC, *a Balthazar, que está bebendo*

Eh! Oh! Tio Balthazar, cuidado, vai ficar alto com essa bebida aí...

BALTHAZAR

Veja você, mestre fanfarrão, que fica bancando o orgulhoso aí no alto porque está com um quepe novo, que brilha como a bacia de um barbeiro... Você não foi à missa, cristão ruim, num dia como o de hoje?

MARC, *descendo*

Muito agradecido. É preciso ir longe demais, para a missa, neste país de selvagens... E eu me lembro da charrete. (*Olhando em volta dele.*) Oh! Oh! Vejo que estamos embandeirados... O que vocês vão fazer então para o dia do casamento, se já fazem tanto para o anúncio?

UM CRIADO

Mas não é só o anúncio hoje, é também o dia de Santo Elígio, a festa da lavoura.

O OFICIAL

Então é por isso que se ouve o ronco dos pandeiros.

O CRIADO

Mas claro, é a confraria de Santo Elígio que vai em cada propriedade dançando a farândola. Eles chegam antes da noite, aqui em Castelet.

MARC

Ah, no dia de Santo Elígio a missa seria mais longa que nos outros domingos? Nosso pessoal não chega nunca...

A CRIADA

Com certeza deram a volta por Saint-Louis para trazer a tia Renaud.

MARC

É verdade, de fato. Então veremos essa boa velha. Por falar nisso, tio Planeta, ela não seria uma de suas antigas?

BALTHAZAR

Cale a boca, marinheiro.

MARC, *rindo*

He! He! Parece que no tempo do pai Renaud... (*Os criados riem.*)

BALTHAZAR

Cale a boca, marinheiro.

MARC

Vocês, como se diz, foram colher o trigo da lua juntos.

BALTHAZAR, *levantando-se, pálido, com uma voz terrível*

Marinheiro! (*O Oficial recua, assustado. – Os criados param de rir. – Balthazar olha todos por um momento.*) Desse velho maluco do Balthazar e dos seus planetas, riam o quanto quiserem. Mas essa história aí é sagrada! Proíbo que alguém toque nesse assunto.

MARC

Está bem, está bem, ninguém quis deixar você zangado, que diabo!

OS CRIADOS

Mas não, tio Balthazar, o senhor sabe... (*Eles o rodeiam. – Ele se senta, todo trêmulo.*)

MARC, *baixo, ao tripulante*

Nunca vi uma casa igual para levar história de mulher assim tão a sério. É como o outro, com sua arlesiana. Parecia que era o fim, que não havia mais esperança. E, depois, agora...

OS CRIADOS, *que chegam correndo do fundo*

Eles estão aí! Eles estão aí!

BALTHAZAR, *muito comovido*

Oh! Meu Deus! (*Ele se afasta para um canto.*)

CENA III

OS MESMOS, ROSE, FRANCET, FRÉDERI,
VIVETTE, O INOCENTE, TIA RENAUD.

Eles entram pelo fundo, com roupa de festa, toucas de rendas, paletós floridos. – A velha vai na frente, apoiada em Vivette e em Fréderi.

TIA RENAUD

Então está aí, esse velho Castelet... Larguem-me um pouco, meus filhos, para que eu possa vê-lo...

MARC

Bom dia, tia Renaud.

TIA RENAUD, *fazendo-lhe uma grande reverência*

Quem é esse belo senhor? Não conheço...

ROSE

É meu irmão, tia Renaud...

FRANCET MAMAÏ

É o oficial Marc.

MARC, *cochichando*

Capitão!

TIA RENAUD

Sou sua criada, senhor oficial.

MARC, *furioso, entre dentes*

Oficial! Oficial! Então eles não viram meu quepe?

O INOCENTE, *batendo palmas*

Oh! Como estão bonitas, este ano, as árvores de São Elói!

TIA RENAUD

Tenho prazer em rever todas essas coisas. Faz tanto tempo... Desde seu casamento, Francet...

FRÉDERI

A senhora está reconhecendo, vovó?

TIA RENAUD

Creio que sim. Por aqui, a criação dos bichos-da-seda, por ali, os hangares. (*Ela avança e para diante do poço.*) Oh! O poço!

(*Risadinha.*) É possível, meu Deus, que só madeira e pedra mexam com o coração a tal ponto?

MARC, *baixo, aos criados*

Esperem, nós vamos dar risada. (*Aproxima-se da velha, toma- -lhe o braço suavemente e a faz dar alguns passos em direção ao canto em que Balthazar se encolheu.*) E esse aí, tia Renaud, a senhora reconhece? Acho que ele é do seu tempo.

TIA RENAUD

Deus misericordioso! Mas não é... Balthazar.

BALTHAZAR

Deus a guarde, Renaude! (*Dá um passo em direção a ela.*)

TIA RENAUD

Oh! Meu pobre Balthazar! (*Olham-se por um momento sem dizer nada. – Todo mundo se afasta, respeitosamente.*)

MARC, *com uma risada zombeteira*

He! He! Os velhos pombinhos!

ROSE, *severamente*

Marc!

BALTHAZAR, *à meia-voz para a velha*

É minha culpa. Sabia que a senhora viria. Não devia ter ficado aqui...

TIA RENAUD

Por quê? Para respeitar o nosso juramento? Ora! Não vale mais a pena. Deus, ele próprio, não quis que a gente morresse sem se ver, e foi por isso que ele pôs o amor no coração dessas duas crianças. No fim das contas, bem que ele nos devia isso para recompensar nossa coragem...

BALTHAZAR

Ah, sim, foi preciso coragem; quantas vezes, conduzindo os animais, eu via a fumaça da sua casa que tinha o ar de me acenar: Venha! Ela está lá!

TIA RENAUD

E eu, quando ouvia seus cachorros latirem e reconhecia você de longe com sua grande capa, eu precisava de força para não correr em sua direção. Enfim, agora, nosso sofrimento terminou, e podemos nos olhar nos olhos sem nos envergonharmos... Balthazar...

BALTHAZAR

Renaude!

TIA RENAUD

Será que você não teria vergonha de me beijar, toda velha e enrugada pelo tempo, como estou agora...

BALTHAZAR

Oh!

TIA RENAUD

Pois bem! Então me aperte bem forte junto ao seu coração, meu bom homem. Faz cinquenta anos que eu devo a você esse beijo de amizade. (*Eles se beijam longamente.*)

FRÉDERI

Como é bonito o dever! (*Apertando o braço de Vivette.*) Vivette, eu amo você...

VIVETTE

Está seguro disso?

MARC, *aproximando-se*

Diga aí, tia Renaud, e se nós fôssemos um pouco na direção da cozinha agora, para ver se o espeto não mudou desde que a senhora esteve aqui?

FRANCET MAMAÏ

Ele tem razão. Vamos para a mesa! (*Dá o braço à velha.*)

TODOS

Para a mesa! Para a mesa!

TIA RENAUD, *voltando-se*

Balthazar...

ROSE

Vamos, pastor.

A ARLESIANA

BALTHAZAR, *muito comovido*

Estou indo... (*Todo mundo entra pela esquerda. – O palco permanece vazio por alguns segundos. Música de cena. – Cai a noite.*)

CENA IV

FRÉDERI, VIVETTE. Os dois saem da casa.

FRÉDERI, *levando Vivette perto do poço.*

Vivette, escute aqui, olhe para mim. O que é que você tem? Você não está contente.

VIVETTE

Oh! Sim, estou, meu Fréderi.

FRÉDERI

Não fale, não minta, há alguma coisa que a atormenta e estraga a alegria de nosso noivado. Sei bem o que é, é o seu doente que deixa você com medo. Você ainda não tem certeza dele... Pois bem, seja feliz, eu juro a você que estou curado.

VIVETTE, *negando com a cabeça*

Às vezes a gente acredita nisso, e depois...

FRÉDERI

Você se lembra daquele ano em que eu estive tão doente? De todo o tempo da minha doença, só uma coisa guardei na memória. Foi a manhã em que, pela primeira vez, abriram minha janela. O vento do Ródano tinha um cheiro tão bom naquela manhã!

Eu poderia dizer todas as ervas que ele soprou, uma por uma. E depois, não sei por que, mas o céu me parecia mais claro do que de costume, as árvores tinham mais flores, as hortulanas cantavam melhor, e eu estava bem... Então, o médico entrou e disse, olhando para mim: Ele sarou! Pois bem! Neste momento em que eu falo com você, estou como naquela manhã, é o mesmo céu, a mesma calma de todo o meu ser, e, em mim, apenas um desejo, pôr a minha cabeça no seu ombro e ficar aí para sempre. Você está vendo que eu sarei.

VIVETTE

Então é verdade que você me ama?

FRÉDERI, baixo

Sim...

VIVETTE

E a outra? Aquela que tanto mal lhe fez, não pensa mais nela?

FRÉDERI

Só penso em você, Vivette.

VIVETTE

Oh! E, no entanto...

FRÉDERI

Pelo que você quer que eu jure? Você está sozinha no meu coração, estou dizendo. Não falemos mais desse feio passado. Ele não existe mais para mim.

A ARLESIANA

VIVETTE

Então por que guarda coisas que fazem com que você pense nele?

FRÉDERI

Mas... Eu não guardei nada.

VIVETTE

E as cartas que você tem aí?

FRÉDERI, *estupefato*

Como você sabia? Sim, é verdade, eu as conservei por muito tempo. Era como uma curiosidade ruim que eu tinha, de conhecer aquele homem; mas agora, veja. (*Ele abre sua blusa.*)

VIVETTE

Elas não estão mais aí?

FRÉDERI

Balthazar foi devolver esta manhã.

VIVETTE

Você fez isso, meu Fréderi? (*Abraçando-o pelo pescoço.*) Oh! Como sou feliz! Se você soubesse como elas me fizeram sofrer, essas cartas malditas, quando você me apertava contra o seu coração e me dizia: "Eu amo você!". O tempo inteiro eu as sentia aí, debaixo de sua blusa, e isso me impedia de acreditar.

FRÉDERI

Então não acreditava em mim, mas queria ser minha mulher?

VIVETTE, *sorrindo*

Isso não me deixava acreditar; mas não me impedia de amá-lo.

FRÉDERI

E agora se eu disser: "Eu amo você!", você acreditaria?

VIVETTE

Diga de uma vez!

FRÉDERI

Ah, minha querida mulher! (*Ele a aperta contra seu peito, depois os dois, abraçados, avançam com pequenos passos e desaparecem por um minuto atrás do hangar.*)

CENA V

OS MESMOS, O GUARDIÃO, BALTHAZAR.

Mitifio entra com vivacidade, dá alguns passos no pátio deserto, depois vai bater na porta da casa, quando ela se abre e Balthazar aparece.

BALTHAZAR, *voltando-se*

É você! O que quer?

O GUARDIÃO

Minhas cartas! (*Nesse momento, o casal de namorados entra em cena.*)

A ARLESIANA

BALTHAZAR

Como! Suas cartas? Mas eu as levei para seu pai, hoje de manhã; então você não está vindo de sua casa?

O GUARDIÃO

Faz duas noites que eu durmo em Arles.

BALTHAZAR

Aquilo continua, então?

O GUARDIÃO

Sempre!

BALTHAZAR

Mas pensei que depois dessa história de cartas...

O GUARDIÃO

Quando somos covardes por causa das mulheres, elas perdoam todas as covardias.

BALTHAZAR

Então faça bom proveito, meu rapaz. Aqui, graças a Deus, acabamos com essa loucura. O garoto se casa daqui a quatro dias, e desta vez ele escolheu uma moça honesta.

O GUARDIÃO

Ah! Ele é bem feliz, esse aí. Deve ser tão bom amar livremente, diante do céu e dos homens, ficar orgulhoso com o que se ama e poder dizer às pessoas que passam: "É minha mulher, olhem!". À noite, eu chego como um ladrão. De dia, me escondo, fico rondando em volta dela, e depois, quando estamos sozinhos, é um escarcéu, é briga! Está vindo de onde? O que andou fazendo? Quem é esse homem com quem você falava? E, às vezes, no meio das nossas carícias, me vem uma vontade de estrangulá-la, para que ela não me engane mais... (*Aqui o casal abraçado de namorados aparece e atravessa a cena no fundo.*) Ah! O terrível caminho das mentiras, da desconfiança! Felizmente, isso vai acabar. Agora vamos viver juntos, e ela vai ver se...

BALTHAZAR

Vocês vão se casar?

O GUARDIÃO

Não, vou fugir com ela. Se você estiver nos ranchos dos carneiros esta noite, vai ouvir um belo galope na planície. Vou trazer a moça sentada no meu arreio e juro que vou abraçá-la bem.

BALTHAZAR

Então ela ama você de fato, essa maldita arlesiana?

FRÉDERI, *parando no fundo*

Oh!

O GUARDIÃO

Ama... É o seu capricho de agora. Além disso, fugir, ela gosta. Correr pelas grandes estradas, na aventura, passar de albergue em albergue, a mudança, o medo, a perseguição, é disso que ela mais gosta. Ela é como esses pássaros do mar, que só cantam na tempestade...

FRÉDERI, *baixo, no fundo*

É ele! Enfim!

VIVETTE

Venha, Fréderi. Não fique aí!

FRÉDERI, *empurrando*

Largue de mim!

VIVETTE, *em lágrimas*

Ah! Ele ainda gosta dela. Fréderi...

FRÉDERI

Vá embora! Vá embora! (*Ele a empurra para dentro da casa, depois volta para ouvir.*)

O GUARDIÃO

Para mim, essa viagem dá medo. Penso no velho que vai ficar sozinho, nos meus cavalos, na cabana e na bela vida de homem honrado que eu teria levado ali se eu não a tivesse encontrado.

BALTHAZAR

Por que partir, então? Faça o que o nosso fez. Renuncie a essa mulher e se case.

O GUARDIÃO, *baixo*

Não consigo... Ela é tão bonita!

FRÉDERI, *num salto*

Eu sei muito bem quão bonita ela é, seu miserável... Mas que necessidade você tinha de vir aqui para me fazer lembrar? (*Com um riso de raiva.*) Um caipira! Era um caipira como eu! (*Caminhando na direção dele.*) Ah! Você tem inveja da minha felicidade, e é saindo dos braços dela que você vem me dizer isso, quando ainda tem na boca os beijos da última noite. Mas então você não sabe que, por um desses momentos de paixão que você me fala, por um minuto da vida que você tem, eu daria a minha, inteira, todo o meu paraíso por uma hora do seu purgatório... Que seja amaldiçoado por ter vindo, seu traficante de cavalo! É pior ainda do que se eu a tivesse visto, na minha frente... Com o seu hálito, você traz de volta o amor horrível que quase me matou. Agora acabou, estou perdido. E enquanto você vai correr pelas estradas com sua namorada, eu terei aqui mulheres em lágrimas. Mas não, não é possível, não pode ser assim. (*Pegando um dos grandes malhos com os quais plantaram os mastros.*) Então trate de se defender, bandido, trate de se defender para que eu o mate, não quero morrer sozinho. (*O vaqueiro recua. – Toda esta cena é quase coberta pelo barulho dos tamborins que chegam.*)

BALTHAZAR, *atirando-se sobre Fréderi*

O que você vai fazer, infeliz?

FRÉDERI, *debatendo-se*

Não, me largue... Ele primeiro, sua arlesiana depois. (*No momento em que ele chega até o vaqueiro, Rose se atira entre eles. – Fréderi para, titubeia, o martelo lhe cai das mãos. – No mesmo instante, tochas trêmulas aparecem na frente da propriedade, e os farandoleiros invadem o pátio gritando: "Santo Elígio! Santo Elígio!".*)

OS FARANDOLEIROS

Santo Elígio! Santo Elígio! À farândola!

O PESSOAL DA FAZENDA, *aparecendo na sacada.*

Santo Elígio! Santo Elígio! (*Cantos e danças. – Quadro.*)

QUINTO QUADRO

O PAVILHÃO DOS BICHOS-DA-SEDA

Uma sala grande, com janela larga e balcão ao fundo – à esquerda, segundo plano, a entrada do pavilhão; primeiro plano, quarto das crianças. – À direita, uma escada de madeira que sobe até o celeiro. Sob a escada, uma cama meio escondida por cortinas. Quando a cortina se ergue, a cena está vazia. No pátio do Castelet se ouvem os pífaros e os tamborins dos farandoleiros; depois cantam a "Marcha dos reis...". Nesse momento Rose entra, com uma pequena lamparina na mão. Deixa a sua lamparina num lugar, vai para o balcão do fundo, fica lá um momento, olhando as danças, depois volta.

PRIMEIRA CENA

ROSE MAMAÏ, *sozinha*

Eles cantam, lá embaixo. Não sabem de nada. O próprio pastor se enganou vendo que ele dançava com tanto gosto: "Não vai ser nada, patroa. Um último trovão, como quando a tempestade está prestes a terminar...". Deus o ouça! Mas tenho muito medo. Então, fico vigiando...

CENA II

ROSE, FRÉDERI.

FRÉDERI, *parando ao ver sua mãe*

O que está fazendo aí? Pensei que não dormisse mais aqui.

ROSE, *um pouco embaraçada*

Mas sim. Tenho ainda do outro lado alguns bichos-da-seda que não abriram. Preciso olhar... Mas e você? Por que não ficou lá, cantando com os outros?

FRÉDERI

Eu estava cansado demais.

ROSE

É verdade que você dançou essa farândola igual um maluco. Vivette também dançou bastante. É um passarinho, essa menina; ela nem tocava o chão... Você viu o mais velho dos Giraud, como ficava em volta dela? Ela é tão cativante... Ah! Vocês dois farão um lindo par.

FRÉDERI, *com vivacidade*

Boa noite. Vou me deitar. (*Ele a beija.*)

ROSE, *impedindo-o*

E depois, você sabe, se essa não é boa para você, é só dizer. Logo encontraremos outra.

FRÉDERI

Oh! Mamãe!

ROSE

Eh! O que você quer? Não estou procurando a felicidade dessa menina, estou procurando a sua. E você não tem nem mesmo o ar de quem está feliz.

FRÉDERI

Mas eu estou... Eu estou...

ROSE

Vamos ver, olhe para mim. (*Ela toma sua mão.*) Parece que você está com febre.

FRÉDERI

Estou... A febre de Santo Elígio que faz beber e dançar. (*Ele se livra.*)

ROSE

(*À parte.*) Eu não vou descobrir nada. (*Agarrando-o.*) Mas não vá embora, você está sempre indo embora.

FRÉDERI, *sorrindo*

Vamos. O que é que há, ainda?

ROSE, *olhando-o bem nos olhos*

Diga... Esse homem que veio há pouco...

FRÉDERI, *desviando os olhos*

Que homem?

ROSE

É... Essa espécie de cigano, de guardião. Você não ficou bem quando o viu... Não foi?

FRÉDERI

Bah! Foi um momento, uma loucura... E, depois, veja! Eu peço, não me faça falar dessas coisas... Teria medo de sujar a senhora remexendo em toda essa lama na sua frente.

ROSE

Vamos, vamos! As mães não têm o direito de ir a todos os lugares sem se sujar, de tudo perguntar, de tudo saber? Vamos, fale comigo, meu menino. Abra bem o seu coração. Parece que, se você me falasse só um pouquinho, eu teria tanto a dizer... Você não quer!

FRÉDERI, *suave e triste*

Não, por favor. Vamos deixar isso pra lá.

ROSE

Então, venha. Vamos descer...

FRÉDERI

Para fazer o quê?

ROSE

Ah! Posso estar louca, mas acho que você está com um olhar ruim esta noite. Não quero que você fique sozinho. Venha para as luzes, venha. Além disso, todos os anos, para Santo Elígio, você me faz dançar uma volta da farândola. Este ano você nem pensou nisso. Então, venha. Tenho vontade de dançar, eu... (*Com um soluço.*) Tenho vontade de chorar também.

FRÉDERI

Minha mãe, minha mãe, eu a amo... Não chore... Ah, não chore, meu Deus!

ROSE

Então me fale, já que você me ama.

FRÉDERI

Mas o que quer que eu lhe diga? Pois bem, tive um dia ruim hoje. Era de se esperar. Depois de abalos como o que eu tive, não se chega à calma de repente. Veja o Ródano, nos dias que o mistral venta; ele não se agita muito tempo depois que o vento passou? É preciso deixar às coisas o tempo necessário para se acalmarem. Vamos, não chore. Tudo isso não vai ser nada. Uma boa noite de sono, bem dormida, e amanhã não haverá mais nada. Eu só penso em esquecer, só penso em ser feliz.

ROSE, *gravemente*

Você só pensa nisso?

FRÉDERI, *virando a cabeça*

Mas claro...

ROSE, *procurando no fundo dos olhos dele*

Verdade mesmo?

FRÉDERI

Sim, verdade.

ROSE, *tristemente*

Então, tanto melhor...

FRÉDERI, *beijando-a*

Boa noite. Vou me deitar. (*Ela o acompanha com um longo olhar e um sorriso até a porta do quarto. Mal a porta se fecha, o rosto da mãe muda e se torna terrível.*)

CENA III

ROSE, *sozinha*

Ser mãe é o inferno! Esse menino, eu quase morri por causa dele quando o botei no mundo. Depois ele ficou doente por muito tempo... Com quinze anos, ele ainda me causou uma grave enfermidade. Eu o tirei de tudo como por milagre. Mas o que eu tremi, o que passei de noites em branco, as rugas da minha testa podem contar. E agora que fiz dele um homem, agora que ele está aí forte, e tão bonito, e tão puro, não pensa em outra coisa a não ser acabar com a vida, e, para o defender contra si próprio, sou obrigada a vigiar, ali, diante de sua porta, como quando ele era pequenininho. Ah! De verdade, às vezes Deus não é razoável... (*Ela se senta num banquinho.*) Mas ela é minha, a sua vida, rapaz ruim. Eu a dei para você, eu a dei vinte vezes. Ela foi tomada, dia após dia, da minha; você sabe que foi necessária toda a minha juventude para fazer os seus vinte anos? E agora você quer destruir minha obra. Oh! Oh! (*Mais calma e triste.*) É verdade que ele também sofre bastante, o pobre menino. Seu amor horrível ainda domina, e eu estava louca de acreditar que alguém poderia curar. Ele puxou a doença de

A ARLESIANA 117

sua mãe, esse aí. Corações como os nossos só sabem amar uma vez... Mas, enfim, não é minha culpa. Não posso me recriminar, não é? O que eu podia fazer além do que fiz? Eu dizia: "Pegue essa aí... Nós damos para você". A menos que eu vá buscar para ele, eu mesma. Se eu soubesse onde ir procurar essa sem-vergonha, eu traria, mesmo à força... Mas é tarde demais. Ela partiu, e é bem por isso que ele quer morrer! Ele quer morrer! Que coisa ingrata são os filhos, essa é que é a verdade! E eu também, quando meu pobre homem morria e, durante a partida, me segurava as mãos, eu tinha muita vontade de partir com ele. Mas você estava lá, você, que não compreendia direito o que se passava, mas tinha medo e gritava. Ah, desde o seu primeiro grito, senti que a minha vida não me pertencia mais, que eu não tinha o direito de partir. Então peguei você nos braços, sorri para você, cantei para fazê-lo dormir, com o coração encharcado de lágrimas, e, embora viúva para sempre, assim que eu pude, tirei minhas toucas pretas para não entristecer os seus olhos infantis... (*Com um soluço.*) O que eu fiz por ele, ele bem que poderia fazer por mim agora. Ah, pobres mães. Como somos lamentáveis! Damos tudo, e nada nos devolvem. Somos as amantes sempre abandonadas. Mas nunca nos enganamos e sabemos envelhecer tão bem...

CORO, *do lado de fora*

Sobre um carro
Dourado e bizarro
Chegaram três reis graves como anjos
Sobre um carro
Dourado e bizarro
Três reis de pé e bandeiras no amarro!
(*Tamborins e danças.*)

ROSE

Que noite! Que festa! (*A porta do quarto se abre com vivacidade.*) Quem está aí?

CENA IV

ROSE, O INOCENTE.

O Inocente sai do quarto, à esquerda, pés descalços, o cabelo loiro despenteado, sem blusa, sem colete, só as calças de fustão e suspensórios. – Seus olhos brilham, seu rosto tem algo de vivo, de aberto, inabitual.

O INOCENTE, *aproximando-se, com um dedo nos lábios*

Psiu!

ROSE

É você? O que você quer?

O INOCENTE, *baixo*

Vá se deitar e durma tranquila. Não haverá nada esta noite!

ROSE

Como! Nada... Então você sabe?

O INOCENTE

Sei que meu irmão tem uma grande tristeza e que a senhora me faz dormir no seu quarto para que ele não volte essa tristeza contra si próprio... Então já faz várias noites que eu durmo com um olho aberto... Faz um tempo, ele estava melhor, mas desta vez a noite foi muito ruim. Ele voltou a chorar e a falar sozinho. Dizia: "Não consigo... Não consigo! Preciso ir embora!". Depois, no fim, ele se deitou. Agora ele dorme, e eu me levantei devagarinho, devagarinho, para vir dizer isso à senhora. Por que a senhora me olha assim, minha mãe? A senhora está espantada que eu veja com

A ARLESIANA

tanta precisão e que tenha tanto raciocínio... Mas a senhora bem sabe o que Balthazar dizia: "Ele está acordando, esse menino, ele está acordando!".

ROSE

Será possível? Oh! Oh, meu Inocente!

O INOCENTE

Meu nome é Janet, minha mãe. E me chame de Janet. Não existe mais Inocente na casa.

ROSE, *com vivacidade*

Fique quieto... Não diga isso.

O INOCENTE

Por quê?

ROSE

Ah, eu sou uma louca... É esse pastor com suas histórias. Venha, meu querido, venha, deixe-me olhar para você. Parece que eu nunca vi você, que é um novo filho que chega. (*Tomando-o em seus joelhos.*) Como você cresceu, como você é bonito! Sabe que você vai ficar parecido com Fréderi? É que agora seus olhos têm uma verdadeira luz.

O INOCENTE

Pois é! Sim, creio que agora acordei completamente. O que não me impede de ter muito sono e de ir dormir, porque estou caindo... Diga, a senhora ainda quer me beijar?

ROSE

Se eu quero! (*Ela o beija com furor.*) Estou lhe devendo tanto carinho. (*Ela o acompanha até o quarto.*) Vá dormir, meu querido, vá.

CENA V

ROSE, *sozinha*

Não existe mais Inocente na casa! Se isso fosse lhe dar azar... Ah, mas o que é que estou dizendo? Não mereço esta grande alegria que me é dada... Não! Não! Não é possível. Deus não me devolveu um filho para levar o outro... (*Ela curva por um instante a cabeça diante de uma madona incrustada na parede, vai em direção à porta do quarto e escuta.*) Nada... Os dois dormem. (*Ela fecha a janela do fundo, arruma alguns objetos, algumas cadeiras, depois entra em sua alcova e puxa a cortina. – Música de cena. – A madrugadinha começa a clarear as grandes vidraças do fundo.*)

CENA VI

FRÉDERI, ROSE, *na alcova.*

FRÉDERI *entra, meio vestido, com o ar alucinado. Ouve e para*

(*Baixo.*) Três horas. O dia está chegando. Vai ser como na história do pastor. Ela lutou toda a noite, e depois, de manhã... E depois, de manhã... (*Ele dá um passo em direção à escada e, a seguir, se detém.*) Oh! É horrível! Que despertar todos vão ter aqui! Mas é impossível. Não posso viver. Sempre a vejo nos braços desse homem. Ele a toma, ele a aperta, ele... Ah! Visão maldita, bem que eu arrancaria você dos meus olhos! (*Ele sobe correndo as escadas.*)

ROSE, *chamando*

Fréderi... É você? (*Fréderi para no meio da escada, estonteado, com os braços estendidos.*)

ROSE, *saindo rapidamente da alcova, corre para o quarto dos filhos, olha e solta um grito terrível*

Ah! (*Ela se volta e vê Fréderi na escada.*) O que... Aonde você vai?

FRÉDERI, *enlouquecido*

Mas você não está ouvindo, lá dos lados dos ranchos dos carneiros? Ele está levando... Esperem por mim! Esperem por mim! (*Ele sobe correndo, Rose se lança desesperadamente atrás dele. – Quando ela chega à porta que fica no meio da escada, Fréderi acabou de fechá-la. – Ela bate com raiva.*)

ROSE

Fréderi, meu filho! Pelos céus! (*Ela bate na porta, sacudindo.*) Abra, abra! Meu filho! Leve-me, leve-me à sua morte! Ah, meu Deus... Socorro! Meu filho! Meu filho vai se matar... (*Ela desce a escada como uma louca, se precipita para a janela do fundo, abre e cai com um grito terrível.*)

CENA VII

OS MESMOS, O INOCENTE, BALTHAZAR, O OFICIAL MARC.

O INOCENTE

Mamãe! Mamãe... (*Ele se ajoelha perto de sua mãe.*)

BALTHAZAR, *vendo a janela aberta, corre e olha para o pátio*

Ah! (*Para o oficial Marc que acabou de chegar.*) Olhe para essa janela e veja se não é possível morrer de amor!

ALPHONSE DAUDET

La Doulou

PREFÁCIO

de André Ebner,
último secretário do autor.

"Dictante dolore."[1]

La Doulou *permaneceu trinta anos nos arquivos da sra. Alphonse Daudet. A viúva e colaboradora do mestre sempre hesitou em revelar ao público este testemunho de um homem clarividente entre todos, que estudou seu próprio sofrimento com a mesma piedade lúcida que dedicava ao sofrimento alheio, tanto em sua obra quanto na vida.*

Se Alphonse Daudet tivesse conhecido, antes de morrer, aquilo que podia temer, se sua morte tivesse sido precedida por todos os horrores do declínio intelectual e se tivesse sido necessário guardar silêncio sobre seus últimos dias, La Doulou *teria sido impossível de publicar, parecendo como a antecâmara trágica daquele "in pace"[2] ao qual ele alude. Mas ele morreu subitamente, mais no controle*

---

1 Pode ser traduzido como "com a dor ditando", "com a dor comandando" ou "com a dor ditadora". A expressão em latim sugere que a dor exerce um controle ou influência sobre algo ou alguém. Em latim no original.

2 Cárcere rigoroso que, nos conventos, era destinado a monges ou monjas que cometessem crimes. Evoca também o *requiescat in pace*, "repouse em paz", dos ofícios fúnebres. Em latim no original.

de seu gênio do que nunca, de sua radiante individualidade, de sua experiência incomparável, e La Doulou, *agora, é apenas uma das provas – a mais triste, mas talvez a mais fecunda – dessa experiência.*

À medida que o tempo recua, deixa na penumbra aquilo que ele iluminava cruelmente e lança sua luz sobre o que não podia ser visto outrora.

Hoje, os gritos de dor que se elevaram destas páginas se tornaram "comunicados" de derrotas físicas, vitórias morais, ecos imortais de uma voz que diz: "Todos vocês que sofrem, transformem seu sofrimento em motivo de elevação; usem seu sofrimento para esquecer a dor, para se tornar bons, para se tornar melhores; pensem em mim, que, em plena felicidade, em plena glória, me vi bruscamente condenado à morte e só pensei em estudar meu sofrimento para deixá-lo como exemplo para meus sósias na dor".

|

Μαθήματα – Παθήματα[3]

– O que você anda fazendo, neste momento?
– Eu sofro.

Diante do espelho da minha cabine, na ducha, que emagrecimento! O estranho velhinho que me tornei de repente.
Pulei de quarenta e cinco para sessenta e cinco anos. Vinte anos que não vivi.

A ducha – vizinhos de cabine: um espanholzinho, um general russo. Magrezas, olhares febris, ombros mesquinhos.
Sr. B***, paixão por absinto.
Bolsistas chegando ao fim do dia.
No fundo, a sala de armas. Ayat e seus prebostes. Choderlos, o lutador de bastões.

---

3 Lições – Sofrimentos. Em grego no original.

Tamancos. Boxe. O sr. de V*** (há anos, duas duchas por dia) vai conferir o peso, vai se pesar lá no fundo.

Vai e vem do carrinho.

Os banhos a vapor.

Esse sr. B*** às vezes no carrinho, gordo, carne branca, aparência saudável; outras vezes, carregado, apoiado, cambaleante.

Ruídos da ducha, vozes ruidosas, e o tilintar das espadas ao fundo. Isso me causa uma profunda tristeza, essa vida física que não posso mais ter.

Pobres pássaros da noite, batendo nas paredes, olhos abertos sem ver...

✢

Que suplício voltar da ducha pelos Champs-Élysées, às seis horas, em um belo dia, fileiras de cadeiras.

A preocupação de andar direito, o medo de ser atingido por uma dessas dores lancinantes – que me imobilizam no lugar, ou me contorcem, me obrigam a levantar a perna como um afiador de facas. No entanto, é o caminho cômodo, o menos doloroso para os pés, pois tenho de caminhar.

Voltando do chuveiro com X***, um doente mental, a quem conforto – a quem "fricciono" no caminho, pelo prazer tão humano de me aquecer a mim mesmo.

✢

"A dor do vizinho conforta e até cura." Provérbio do sul, a terra dos doentes.

✢

"O navio está em apuros", diz-se na linguagem marítima. Seria necessária uma palavra desse tipo para traduzir a crise em que me encontro...

O navio está em apuros. Ele se reerguerá?

Morte do pai.[4] Vigília. Sepultamento. O que vi, que volta, que me assombra.

Lembrança de uma primeira consulta com o dr. Guyon, na rua Ville-l'Évêque. Ele me examina; contração da bexiga; próstata um pouco nervosa, nada, em suma. E esse *nada* era *tudo* o que começava: a Invasão.

Pródromos muito antigos. Dores singulares: grandes sulcos de chamas recortando e iluminando minha carcaça.

Sonho com a quilha do barco, tão fina e dolorosa.

Queimação nos olhos. Dor horrível das reverberações.

E também, desde aquele tempo, formigamento nos pés, queimação, sensibilidade.

Primeiro, sensibilidade aos ruídos: pá, pinças perto da lareira; os lancinantes toques de campainha; relógio: teia de aranha cujo trabalho começa às quatro da manhã.

---

4 Vincent Daudet, pai de Alphonse Daudet, morto em 1875.

Hiperestesia da pele, redução do sono, depois escarros de sangue.

"A couraça." As primeiras sensações que tive dela. Primeiro sufocamento, erguido em minha cama, atordoado.

Primeiros momentos da doença que me apalpa por toda parte, escolhe seu terreno. Por um momento, os olhos; moscas volantes; diplopia; depois os objetos cortados em dois, a página de um livro, as letras de uma palavra, lidas pela metade, cortadas como que com uma foice; corte em forma de crescente. Agarro as letras no voo de suas hastes.

Meus amigos, eu afundo, eu afogo, atingido abaixo da linha d'água. Mas a bandeira pregada no mastro, fogo por todos os lados e sempre, mesmo na água, a agonia.

Tanto pior para os golpes perdidos e as atrapalhações, eu resisto!

Visita à pequena casa, lá longe.

Já faz muito tempo, desde o brometo, que não tinha recorrido à morfina.

Passei lá três horas encantadoras; a injeção não me perturbou muito e me deixou falante sempre, extravasado. Todo esse fim de tarde um pouco entorpecida e como se absintada.

À noite, jantar com Goncourt, bate-papo até depois das onze, com o espírito livre.

Noite ruim, acordei assustado às três horas; sem dores, mas nervoso e com medo da dor. Precisei tomar cloral novamente – que efeito três gramas e meia fazem à noite – e ler vinte minutos.

....

Estou neste momento com o velho Livingstone,[5] no fundo da África, e a monotonia dessa caminhada sem fim, quase sem objetivo, essas preocupações perpétuas com a pressão barométrica, com refeições vagas, esse desenrolar silencioso, imperturbável, de grandes paisagens, é realmente uma leitura maravilhosa para mim.

Minha imaginação quase não pede mais nada ao livro, apenas um quadro onde possa vaguear. – "Faço mais três furos no meu cinto e me aperto", disse o bom e velho louco, em dia de fome. Que excelente viajante eu teria sido na África Central, com minha contração dos flancos, a minha cinta permanente, furos de dor, o gosto de comer para sempre perdido.

Muito singular é o medo que a dor me causa agora, pelo menos essa dor. É suportável, mas *não consigo suportá-la*. É um pavor; e o apelo aos anestésicos como um grito de socorro, uma chilreada de mulher antes do perigo real.

A pequena casa na rua ***. Penso nela. Resisto por muito tempo. Então eu vou. Sinto até alívio ao chegar lá. Suavidade. Jardim. Um melro canta.

Perna ceifada. Sem dor. Terrores.

---

5 Daudet lia *Comment j'ai retrouvé Livingstone* [Como encontrei Livingstone], de Henry Morton Stanley, que havia sido traduzido e publicado na França em 1874.

Forças perdidas. No bulevar Saint-Germain, um carro vem em minha direção. Marionete destrambelhada. (Uma vez quis correr atrás de Zézé, numa alameda de Champrosay.)

A rua para atravessar, que terror! Sem mais olhos, a impossibilidade de correr, muitas vezes até de apressar o passo. Terrores de octogenário – as pequenas velhinhas macabras das *Flores do mal*.

Sonhos de suicídio. – Encontro com N***, e o que ele me diz, continuando meu pensamento: [...] "Entre a primeira e a segunda costela". (Estricnina.) – Não temos o direito.

Memória. Fraqueza.
O fugitivo de minhas impressões: uma fumaça em uma parede.

Efeito das emoções vivas: dois degraus descidos a cada vez. Sente-se que se está tirando, nesses momentos, do próprio cerne da vida, gastando o capital, já tão baixo.

Tenho tido essa impressão muito forte desde um ano atrás, duas vezes; uma especialmente, e por uma causa tão boba, tão mesquinha, um estúpido drama de criados no campo. O duelo Drumont-Meyer também.

E todas as vezes senti em meu rosto e por todo o meu corpo essa escavação curiosa, esse trabalho de faca, operado em meu triste personagem.

Duruy me disse ter ficado impressionado por essa decomposição dos meus traços, na luta, em plena tragédia. Um vazio que fica.

⁎⁎⁎

Do que é feita a bravura de um homem? Agora, quando estou em um carro, até os vacilos de um pangaré de fiacre, um cocheiro bêbado, me preocupam e me assustam.

Desde minha doença, não consigo mais ver minha esposa ou meus filhos se inclinarem em uma janela. E se eles se aproximam de um parapeito, de um corrimão, imediatamente meus pés e minhas mãos tremem. Angústia; palidez. (Lembrança da Pont-du--Diable, perto de Villemagne.)⁶

... Desde o dia em que a dor entrou em minha vida...

Lugares em que sofri. Sarau na casa dos Z***. O homem ao piano, cantando: "*Gamahut, escute-me por favor*".⁷ Rostos pálidos, descoloridos. Falo sem saber o que falo. Vagueio pelos salões. Encontrei a sra. G***, uma mulher infeliz, de quem conheço os dolorosos e lamentáveis segredos. As mulheres são heroicas em seu sofrimento na sociedade, seu campo de batalha.

⁎⁎⁎

---

6 Ponte do século XVIII localizada em Villemagne-l'Argentière, departamento do Hérault, construída em um único arco sobre o rio Mare.
7 "*Gamahut écoutez-moi donc!*", canção de cabaré de Jules Jouy, que brinca com a morte de Gamahut, assassino que foi guilhotinado, cujo refrão é: "Gamahut, escute-me por favor/ A gente sofre quando não tem mais cabeça? Gamahut, escute-me por favor/ A gente sofre quando não tem mais tronco?".

Todas as noites, uma terrível contração dos flancos. Leio por muito tempo, sentado na minha cama – a única posição suportável; pobre velho Dom Quixote ferido, sentado em sua armadura, ao pé de uma árvore.

De fato a armadura, cruelmente apertada sobre os rins por um fecho de aço – pontas de brasa, afiadas como agulhas. Depois o cloral, o "tim-tim" da minha colher no copo, e o descanso.

Há meses que essa couraça me prende, e não consigo desabotoar, respirar.

Vagueando à noite pelos corredores, ouço soarem quatro horas em uma porção de campanários, relógios, próximos ou distantes, e isso durante dez minutos.

Por que não a mesma hora para todos? E as razões me vêm em massa. Resumindo, nossas vidas são muito diferentes umas das outras, e as diferenças das horas simbolizam isso.

O quartel vizinho. Vozes saudáveis, jovens e fortes. Janelas acesas a noite toda. Manchas brancas no fundo do corredor.

O que sofri ontem à noite – o calcanhar e as costelas! A tortura... não há palavras para descrever isso, são necessários gritos.

Primeiro, para que servem as palavras, para tudo o que é realmente sentido na dor (assim como na paixão)? Elas surgem quando tudo acabou, quando está pacificado. Falam de memórias, impotentes ou mentirosas.

Não há ideia geral sobre a dor. Cada paciente cria a sua, e o mal varia, como a voz do cantor, dependendo da acústica da sala.

※

A morfina. Os efeitos em mim. As náuseas se acentuando.

※

Por vezes, impossibilidade de escrever, devido ao tremor na mão, principalmente quando estou de pé.
(Morte de Victor Hugo, assinatura no livro de registro. Cercado, observado – terrível. Outro dia, no Crédit Lyonnais, na rue Vivienne.)

※

A inteligência sempre de pé, mas a faculdade de sentir se embotando. Já não sou tão bom quanto era.

※

Uma sombra ao meu lado tranquiliza minha caminhada, assim como caminho melhor perto de alguém.

※

Às vezes me pergunto se não deveria recorrer às inoculações de Pasteur, pois sinto tanto, nessas dores agudas, torções, espasmos furiosos, crispações de um afogado, uma analogia com o acesso rábico.
Sim, no auge da doença nervosa, no último grau, sua coroação – a raiva.

※

Nervoso, mal-humorado desde a manhã. E então Julia[8] decifra para mim um álbum de música cigana. Lá fora, a tempestade, granizo, trovões – alívio.

Um momento embaraçoso ao me ver como um simples barômetro, envolto em vidro, graduado. Eu me consolo pensando que nesse barômetro as influências atmosféricas determinam algo mais do que uma simples subida do mercúrio. Tantas ideias afluem em meu cérebro, e descobri uma ou duas pequenas leis humanas – daquelas que é melhor guardar para si.

De volta ao trabalho suavemente. Muito satisfeito com o estado do cérebro. Ideias sempre, formulação bastante cômoda também, mas – parece-me – mais dificuldade em coordenar. Talvez seja o hábito perdido, pois já se passaram seis meses desde que a fábrica ficou parada e as grandes chaminés não fumegam mais.

Como nossos desejos se limitam à medida que o espaço se reduz. Hoje, não estou mais desejando a cura – apenas me manter. Se alguém me tivesse dito isso no ano passado.

A ação do brometo diminui tanto como depressão e perda de memória quanto, infelizmente, também como meio de cura.

Há algum tempo, depois de uma boa noite de sono com cloral, acordo cansado, nervoso, como depois de minhas antigas insônias.

---

8 Esposa de Daudet.

A maquiagem com pesadas placas de cloral.

※

Embalo divino das noites de morfina, sem sono.
Despertar do jardim, o melro: desenho do seu canto na palidez do vidro; parece desenhado com a ponta do seu bico, com ramagens!

※

Nas noites de morfina, efeito do cloral. O érebo, a maré negra, opaca, para além do sono à flor da vida, o nada. Que banho, que delícias quando se entra ali! Sentir-se preso, enrolado.

Pela manhã, dores, mordidas, mas o cérebro livre, talvez purificado – ou simplesmente descansado.

Tentativas de sono sem cloral. Pálpebras fechadas. Abismos se abrem à direita e à esquerda. Cochilos de cinco minutos, angustiados por pesadelos em escorregões, quedas – a vertigem, o abismo.

Dor sempre nova para quem sofre e que se torna banal para os outros. Todos se acostumarão, exceto eu.

※

Conversas com Charcot. Por muito tempo recusei conversar com ele; a conversa me assustava. Saber o que ele me diria. "Eu reservo você para o final."

Bela inteligência, que não despreza o literato. Sua observação: muita analogia, creio eu, com a minha.

Bom bate-papo, um dia de verão, durante um almoço com Charcot sozinho. A raça latina atingida, queimada pelo sol.

Oh! Esse sol! – Cana-de-açúcar em fusão como espinha dorsal. Mas o Norte tem álcool e se queima com ele.

※

Formas da dor.

Às vezes, sob o pé, um corte, fino, fino – um fio de cabelo. Ou cortes de canivete sob a unha do dedão do pé. O suplício dos borzeguins de madeira nos tornozelos. Dentes de ratos afiados roendo os dedos dos pés.

E em todas essas dores, sempre a impressão de um foguete que sobe, sobe, para explodir na cabeça em um buquê: "Progressão", diz Charcot.

※

Dores insuportáveis no calcanhar que se acalmam ao mudar a perna de posição. Horas, metades das noites passadas com meu calcanhar na mão.

Três meses depois.

Volto às minhas duchas. Dor nova e estranha enquanto me secam e friccionam as pernas. É nos tendões do pescoço – lado direito para fricções na perna esquerda e lado esquerdo para a perna direita. Uma tortura irritante, de gritar.

A seringa carregada: antessala do dentista.

Sensação de perna escapando, escorregando sem vida. Às vezes também um salto involuntário.

Terremoto ou ponte de navio sacudido. Gesto clichê, as pernas tricotando, os braços estendidos em busca de apoio. Clichês do gesto, tão poucos.

Sempre apelar para a vontade das coisas mais simples, mais naturais, caminhar, levantar-se, sentar-se, permanecer de pé, tirar ou pôr um chapéu. É horrível! Só no pensamento e em seu movimento perpétuo que a vontade não pode fazer nada. – Seria tão bom parar; mas não, a aranha vai, vai, noite e dia, sem trégua, apenas algumas horas, com doses de cloral. Pois há anos e anos que Macbeth matou o sono.

Dor que desliza por tudo, por minha visão, minhas sensações, meus julgamentos; é uma infiltração.

Longa conversa com Charcot.
É exatamente o que eu pensava. Vai ser para a vida toda.
Isso não me abalou como eu deveria esperar.

"De todos os momentos da minha vida." Posso datar minha dor como mademoiselle de Lespinasse[9] datava seu amor.

---

9 Escritora francesa, que deixou volumes epistolares em que revela seus amores.

Ciente de que é para sempre – um para sempre não muito longo, meu Deus! –, eu me instalo e, de vez em quando, tomo notas com a ponta de um prego e algumas gotas do meu sangue nas paredes do *carcere duro*.[10]

Tudo o que peço é para não mudar de calabouço, para não descer para um dos *in pace* que eu conheço, lá onde é escuro, onde o pensamento não existe mais.

E nem uma vez, nem com o médico, nem nas duchas, nem nas estâncias termais onde a doença é tratada, com o nome dela, seu verdadeiro nome, pronunciado, "doença da medula"! Até mesmo os livros científicos são intitulados "Sistema nervoso"!

*

Il Crociato.[11] Sim, era isso, esta noite. O suplício da Cruz, torção das mãos, dos pés, dos joelhos, os nervos tensos, estirados a ponto de arrebentar. E a corda rude sangrando o peito, e as lanças golpeando os flancos. Para saciar minha sede em meus lábios queimados, cuja pele descascava, ressecada, crestada pela febre, uma colherada de brometo iodado, com gosto de sal amargo: era a esponja embebida em vinagre e fel.

E eu imaginava uma conversa de Jesus com os dois Ladrões sobre a dor.

---

10 *Carcere duro* é uma expressão italiana que se refere a um regime prisional extremamente rigoroso e restritivo. Também conhecido como "isolamento total". Em italiano no original.

11 *Il crociato* é o título de uma ópera de Meyerbeer, cujo significado é "o cruzado". Mas a sequência do parágrafo sugere que há uma confusão na significação da palavra italiana; o autor parece compreender que ela significa crucificado (*crocifisso*, em italiano).

Vários dias de calma. Provavelmente os brometos e o belo calor deste fim de junho.

Horas cruéis na cabeceira de Julia... Raiva de me sentir tão quebrado, tão fraco para cuidar dela, mas toda a minha compaixão ainda está lá, todo o meu afeto sempre vivo, e minha capacidade de sofrer com o coração, até o suplício... E estou muito contente com isso, apesar das terríveis dores que voltaram hoje.

Análise do sono por meio do cloral. – Acabou, é um penhasco íngreme que não consigo mais escalar.

Por exemplo, vinte minutos deliciosos, aqueles que dividem minhas duas doses de cloral. Leitura que eu tenho o cuidado de escolher muito elevada. – Lucidez singular.

Dois dias de grandes sofrimentos.

Contração do pé direito, com fulgurações até as costelas. Todos os puxões de cordinhas do homem-orquestra agitando seus instrumentos. Na estrada de Draveil, cordinhas nos cotovelos, nos pés... O homem-orquestra da dor sou eu.

A vida da doença. Esforços engenhosos que a doença faz para viver. Dizem: "Deixe a natureza seguir seu curso". Mas a morte está na natureza tanto quanto a vida. Duração e destruição combatem dentro de nós com forças iguais. Como forma de propagação do mal, vi coisas surpreendentes. Amores entre dois tuberculosos, ardor em se agarrar. A doença parece dizer a si mesma: "Que belo enxerto". E o produto mórbido que sairia dali!

A expressão dos enfermeiros: "Uma ferida bonita... A ferida é magnífica". – Parece que estão falando de uma flor.

⁂

Ontem à noite, por volta das dez horas, um ou dois minutos de angústia atroz em meu escritório.

Bastante calmo, eu escrevia uma carta boba – página bem branca, toda a luz de um abajur inglês concentrada sobre ela, enquanto o escritório, a mesa, mergulhavam na sombra.

Um criado entrou, colocou um livro ou algo assim na mesa. Levantei a cabeça e, a partir desse momento, perdi toda noção durante dois ou três minutos. Eu devia ter um ar muito estúpido, porque o empregado me explicou, diante da interrogação em meu rosto, o que ele tinha vindo fazer. Eu não entendi suas palavras e não me lembro mais delas.

O terrível era que eu não reconhecia meu escritório: eu sabia que estava lá, mas tinha perdido o sentido do lugar. Tive de me levantar, me orientar, tatear a estante, as portas, dizer a mim mesmo: "É por ali que se entra".

Pouco a pouco, meu espírito se reabriu, as faculdades voltaram ao lugar. Mas me lembro da aguda sensação de brancura da carta que eu escrevia, reluzindo sobre a mesa completamente escura.

Efeito de hipnotismo e fadiga.

Esta manhã, escrevendo isto às pressas, lembrei que, há dois anos, em um carro, depois de fechar os olhos por alguns instantes, me encontrei de repente em cais iluminados, em uma Paris que eu não conhecia. Com todo o corpo fora da janela, eu procurava, olhando para o rio, a fileira de casas cinzentas em frente, e um suor de medo me inundava. De repente, na curva de uma ponte, reconheci o Palácio da Justiça, o cais des Orfèvres, e o pesadelo se dissipou.

Nervosismo. Impossível escrever um envelope que sei que será visto, olhado por todos, e posso guiar minha pena livremente na intimidade de um caderno de anotações.

⁂

Modificação da letra...

※

Esta noite, a dor como um pequeno pássaro-puck[12] pulando aqui e ali, perseguido pela picada; em todas as partes do meu corpo, a cavalo sobre as articulações; perdido, sempre perdido, e cada vez mais aguda.

※

Dois ou três exemplos em que a morfina é vencida pela antipirina. Fulgurações no pé, músculos esmagados por um caminhão, golpes de lança no dedo mínimo.

※

Epígrafe: *Dictante dolore.*

※

Em minha pobre carcaça escavada, esvaziada pela anemia, a dor ressoa como a voz em uma casa sem móveis ou cortinas. Dias, longos dias em que não há mais nada de vivo em mim além de sofrer.

※

Depois de usar muita acetanilida – lábios que se azulam, aniquilação do eu atordoado –, acabo de passar um ano inteiro usando antipirina. Duas ou três gramas por dia. A cada oito ou dez dias, morfina em pequenas doses. Sem alegria, a antipirina, e ultimamente com uma ação cruel no estômago e nos intestinos.

---

12 Possível referência a Puck, da peça *Sonho de uma noite de verão*, de Shakespeare, gênio alegre e maroto que prega peças.

A suspensão. Aparelho de Seyre.[13]

Sinistros, à noite, na casa de Keller, esses enforcamentos de pobres atáxicos. O russo que é dependurado *sentado*. Dois irmãos; o pequeno moreno esperneando.

Permaneço por até quatro minutos no ar, dois deles sustentado apenas pela queixada. Dor nos dentes. Depois, ao descer, quando me soltam, um terrível desconforto na região dorsal e no pescoço, como se toda a minha medula derretesse. Sou obrigado a me agachar e me endireitar aos poucos, à medida que – parece-me – a medula esticada retoma seu lugar.

Nenhum efeito curativo perceptível.

Treze suspensões. Em seguida, escarros de sangue que atribuo à fadiga congestionante do tratamento.

....
Tudo foge... A noite me envolve...
Adeus, mulher, filhos, os meus, coisas do meu coração...
Adeus, eu, querido eu, tão coberto por véus, tão perturbado...
....

Na cama. Disenteria. Duas injeções de morfina por dia, cerca de vinte graus. A partir de então, impossível me desabituar. Meu estômago se aclimata um pouco; com cinco, seis gotas, não vomito mais, mas não consigo mais comer. Obrigado a continuar com o cloral.

Morfina tomada anteriormente, sono muito bom. Se tomo injeção durante a noite, após o cloral, sono é interrompido,

---

13 O nome correto é Sayre, do ortopedista norte-americano Lewis Albert Sayre, que inventou um tratamento com o qual suspendia os pacientes pela cabeça para corrigir problemas de coluna.

encerrado até a manhã. Agitação, todas as ideias em tumulto, sucessão frenética de imagens, projetos, assuntos – lanterna mágica. No dia seguinte, fumaça na cabeça, disposição ao tremor. Cada injeção interrompe a dor por três ou quatro horas. Depois vêm as "vespas", espetadas aqui e ali antecedendo a dor cruel, instalada.

Estupefação e alegria ao encontrar seres que sofrem como você. Duchesne de Boulogne[14] indo acordar o velho Privat uma noite: "Todos atáxicos!".

A história de X*** me aparece hoje em toda sua desolação. Trevas em que ele viveu, com esse mal da medula que já o atormentava, que ele arrastava por todos os lugares sem que ninguém, naquela época, entendesse nada. "Ah! esse X***", diziam, "doente imaginário". Ridículo para todos os seus com o seu clister, a sua garrafa de água de malva etc.

S*** alega que o brometo o acalma, o torna razoável, raciocinador, transformando-o em Prudhomme.[15]

A vida de seu pai, comendo em pé, sempre em movimento, beliscando aqui e ali pratos espalhados pela sala de jantar.

---

14 Guillaume-Benjamin-Amand Duchenne (de Boulogne), e não Duchesne. Neurologista e, mais particularmente, eletrofisiologista. Charcot o considerava seu mestre.

15 Personagem de teatro muito popular que se tornou símbolo do burguês convencional, pomposo e sem inteligência.

X*** e seu doente, que encontrei na estação. Todos os diagnósticos. Aspecto desse homem tão rico. Puxadores que ele mandou instalar em sua casa, espécie de balaustrada, de corrimão, onde se segura quando a crise chega. Dorme em pé, como um cavalo diante de seu cocho.

Pensei muito nesse homem ao escrever *A evangelista*,[16] associando essa imagem de um ser com a paisagem de trilhos, trem chegando, expresso, casa de D*** R*** que se avistava.

X*** me fala de seu sogro. A filha, oito anos junto do doente, velando noite e dia, lavando-o, virando-o; unhas dos pés e das mãos etc. Dedicou a vida a isso. Ele morre dando um gritinho. Estupefação da pobre mulher diante daquela vida pequena, insignificante, que acabava, afinal. "Ela então não vai fechar a boca?", pensava X***, irritado. Vestir o corpo, e então é o fim. Sozinha na vida agora, sem saber para onde se voltar, a quem amar, de quem cuidar. Prisioneiro libertado de Melun,[17] após uma longa prisão, e que se encontra na rua.

Li *La Maladie à Paris* [A doença em Paris], de Xavier Aubryet.[18] Sofreu durante quatro anos. Torturas de bulevar.[19] Generosidade de Brébant;[20] caridades da *Maison d'Or*.[21] Injeções de morfina. Estropiado.

---

16 Romance de Alphonse Daudet sobre o fanatismo protestante.
17 A cidade de Melun possui um conhecido centro de detenção.
18 Escritor francês. Acometido por uma doença da medula espinhal, faleceu aos 53 anos, após quatro anos de dores terríveis.
19 No sentido de torturas teatralizadas, fazendo referência ao "teatro de bulevar", casas que promovem espetáculos populares.
20 Café-restaurante parisiense, fundado por Paul Brébant, frequentado pela intelectualidade parisiense, onde se organizavam jantares literários e festivos.
21 Maison d'Or ou Maison Dorée, restaurante luxuoso que existiu em Paris.

Muito católico: "É tudo o que eu tenho... Deixe-me, meu Deus!".

Cuidado no final por uma vivandeira que o aterrorizava. Grosseria de Claudin.[22]

As mãos crispadas, ainda úteis. Cego no final. Morre tateando. Vivas dores.

※

Xavier Aubryet se indignando por não receber atenção. (Quanto a mim, gostaria de ficar sozinho, um ano, no campo; não ver ninguém além de minha mulher. E as crianças vindo a cada oito dias.)

※

La Madeleine, pelo menos, se escondeu.[23]

Terminou no sul, perto de Carpentras; no campo, na casa de sua irmã.

Um dia, pensa no Café Riche, com uma coberta em seus joelhos – olhar desesperado para o bulevar, que o matou, que matara Aubryet.

A mesa do Café Riche em frente à do Café Anglais. Tortura cerebral.

※

Dia em Auteuil.[24] Jardim cheio de rosas, onde me persegue, sob o sol suave e o cheiro de flores murchas, a imagem do pobre Jules, com ar abobado sob seu chapéu de palha, "nos espaços vazios".

※

---

22 Gustave Claudin, jornalista e romancista francês.
23 Barão Henry Joseph de Collet de La Madelène, romancista francês.
24 Na casa de Edmond de Goncourt.

Jules de Goncourt e Baudelaire. Doenças de escritores. A afasia.

Preocupado há um mês com o fim do mundo, do qual tive uma precisa visão, leio que Baudelaire, nos últimos tempos de sua vida consciente, era assombrado por essa mesma ideia de livro. A afasia veio logo depois...

Juntar Leopardi à lista dos mais velhos, dos sósias da minha dor.

O grande Flaubert, como ele se esforçava para encontrar as palavras! Será que a enorme quantidade de brometo que consumia tornava seu dicionário tão rebelde?

Dei ao meu filho como tema de tese: a neurose de Pascal.

Uma noite, onze horas, luzes apagadas, todos deitados na casa, alguém bate. – "Sou eu." X*** se senta por um minuto, fica duas horas. Belas confidências sobre a mania de suicídio que o assola. Seu irmão mais velho, seu avô etc. História de O. X***. Ódio contra o irmão. O mal nervoso de O*** na cabeça. Pernas também atacadas. Conheço essa rigidez automática, endurecida.

Henri Heine me preocupa muito. Doença que sinto como semelhante à minha.

⁂

Eu me pergunto se, entre meus sósias na dor do passado, Jean-Jacques[25] não deveria ter seu lugar, se sua doença da bexiga não fosse, como frequentemente ocorre, um pródromo e um anexo da doença da medula.

⁂

Morfina.
Anestésico que nada substitui.
Raiva imbecil que ele desperta.
Mas será que o ópio não estava lá antes? Benjamin Constant, madame de Staël abusavam dele. Vejo na correspondência de Henri Heine que ele o consumia todos os dias em altas doses. Curioso de acompanhar em seus três volumes de cartas, todas sobre negócios, a doença do poeta começando com nevralgias na cabeça, "muito jovem", depois, oito anos de cama e torturas.

⁂

Se eu escrevesse um elogio à morfina, falaria sobre a casinha da rua ***.
Ai de mim! Acabou agora. Partiu, meu velho companheiro, aquele que me aplicava as injeções.
Uma sensação profunda quando vi seu relógio, que traziam para perto da minha cama, sua seringa Pravaz,[26] sua pedra de amolar, suas agulhas que, de repente, pareceram ganhar vida, rastejar, sanguessugas venenosas, aguilhões vivos – cascavéis e víboras –, cesto de figos de Cleópatra.
Seria belo escrever sobre essa vida confinada, sem dores muito intensas, quase sempre na cama há anos. Livros, revistas, jornais,

---

25 Jean-Jacques Rousseau, filósofo.
26 Inventor da seringa de injeção, com agulha oca.

um pouco de pintura. E o relógio em sua caixa regulando essa existência imóvel e miúda.

Ele se apegava a essa vida. Apenas um medo: a angústia do mau presságio.

Pobre amigo. Agora, terminou.

Hábil maneira como a morte ceifa, faz suas colheitas, mas apenas colheitas sombrias. As gerações não caem de uma só vez; seria triste demais, visível demais. Vão por parcelas. O prado atacado de vários lados ao mesmo tempo. Um dia, um; o outro, algum tempo depois; é preciso reflexão, um olhar ao redor para perceber o vazio causado, o vasto massacre contemporâneo.

Ah! Porque é preciso morrer tantas vezes antes de morrer...

....

Dois anos e meio sem anotações.
Trabalhei. Sofri.
Desânimo. Cansaço.
Sempre a mesma música; duchas; Lamalou.[27]
Desde o ano passado, problemas nas pernas. Impossibilidade de descer uma escada sem corrimão, de caminhar em pisos encerados. Às vezes perco a sensação de uma parte do meu ser – toda a parte de baixo; *minhas pernas se embrulham.*

Mudança de estado: andar mal. Não andar mais.

---

27 Lamalou-les-Bains, estância de águas no sul da França.

Por muito tempo tive pavor do carrinho, ouvia-o chegando, rolando. Penso menos nisso agora, e sem o pavor dos primeiros dias. Dizem que é raro sofrer quando se chega a esse ponto. Não sofrer mais...

※

Injeção de morfina. Várias vezes aplicada em um certo local da perna: formigamento seguido de uma insuportável queimadura nas costas, no alto do torso, no rosto, nas mãos. Sensação subcutânea, provavelmente superficial, mas aterrorizante: sente-se a apoplexia chegando.

Escrito durante uma dessas crises.

※

Imbecis que supõem que vim a Veneza[28] para ser, por alguns momentos, o hóspede do imperador da Alemanha.

Como se a dor não fosse a mais despótica, a mais ciumenta das anfitriãs imperiais.

※

Gostaria de viver enterrado como uma toupeira, sozinho, sozinho.

※

Oh, minha dor, seja tudo para mim. Os países dos quais você me priva, que meus olhos os encontrem em você. Seja minha filosofia, seja minha ciência.

※

---

28 Daudet esteve em Veneza em 1895, um ano e meio antes de sua morte, ao mesmo tempo que Guilherme II, imperador da Alemanha. Os jornais haviam anunciado que o imperador o receberia.

Montaigne, velho amigo; lamente principalmente as dores físicas.

※

Crescimento moral e intelectual através da dor, mas até certo ponto.

※

Don Juan ferido, amputado. Seria um belo drama a escrever. Ele que "conhece todas elas", mostrá-lo desconfiado, corroído, arrastando-se com seus cotos para ouvir atrás das portas, sangrando, covarde, furibundo, em lágrimas.

※

A sensação mitológica, a insensibilização e o endurecimento do torso apertado em um invólucro de madeira ou pedra, e o doente, à medida que a paralisia sobe, se transformando pouco a pouco em árvore, em rocha, como uma ninfa das metamorfoses.

※

A luta, o que há de mais horrível.
Pelo menos, no dia em que não há mais jeito de se mover...

※

Efeito de morfina.
Acordar durante a noite, apenas com a sensação de existir. Mas o lugar, a hora, a identidade de um eu qualquer, completamente perdidos.
Nenhuma noção.
Sensação de cegueira moral EXTRAORDINÁRIA.

※

Indireção dos movimentos durante a noite.

※

Primeira parte: enclausurado.
Prisão desejada para gritar: aqui estou.
Imóvel!
E depois?
É esse agravamento da pena que fabrica o terrível.

※

Ele[29] me nomeia seu executor testamentário por uma atenção afetuosa, para me fazer acreditar que viverei mais tempo do que ele.

※

O prisioneiro vê a liberdade mais bela do que ela é.
O doente representa a saúde como uma fonte de alegrias inefáveis – o que não é verdade.
Tudo o que nos falta é o divino.

※

Impossibilidade de descer sozinho a escadaria de Champrosay, assim como a de Goncourt. Ó Pascal!

※

A dor no campo: vela no horizonte. Essas estradas, essas curvas encantadoras despertam apenas a ideia de fuga. Evadir, escapar do mal.

---

29 Edmond de Goncourt.

※

Uma das minhas privações, não poder mais dar esmola. As alegrias que isso me causava. O homem – mão febril – e dentro, de repente, cem centavos.

※

Esterilidade. A única palavra que pode descrever aproximadamente o horrível estado de estagnação em que, às vezes, a inteligência de uma mente cai. É o "sem fé, sem efusão" das almas crentes. – A anotação que lanço aqui, inexpressiva e surda, só fala para mim, escrita em um desses cruéis mal-estares.

※

Escritas de toda a minha vida, de camaradas de colégio até os pequenos hieróglifos do meu pai e sua "Luís XIV comercial" – tudo isso desfilando, rodopiando como um giroscópio por metade da noite. Deixou-me quebrado esta manhã... O fim se aproxima.

Obstinação das mãos em se encarquilhar pela manhã sobre o lençol, como folhas mortas, sem seiva.

Visão de Jesus na cruz, de manhã no Gólgota. A humanidade. Gritos.

Esta manhã, sensações embotadas, como no dia seguinte a excessos pesados. Efeito dos mesmos anestésicos usados em demasia.

Gostaria que meu próximo livro não fosse muito cruel. Da última vez, senti que tinha ido longe demais.[30] Pobres humanos! Não devemos dizer tudo a eles, compartilhar minha experiência, meu fim de vida doloroso e douto. Tratar a humanidade como doente, dosagens, cuidados; vamos fazer com que amem o médico em vez de mostrá-lo como um carniceiro brutal e duro.

E este próximo livro, que seria terno e bom,[31] indulgente, eu teria um grande mérito em escrevê-lo, pois sofro muito. Orgulho de não impor aos outros o mau humor e as injustiças sombrias de meu sofrimento.

De tempos em tempos, uma lembrança de vida ativa, de épocas felizes. Por exemplo, os mergulhadores de corais napolitanos à noite, nas rochas. A plenitude da felicidade física.

Retorno à infância. – Para chegar a essa poltrona, atravessar esse corredor encerado, são necessários esforços e engenhosidade como Stanley[32] em uma floresta africana.

Minha angústia é grande e escrevo chorando.

Pensar que um dia poderia considerar a fuga...

---

30 Alusão a *O imortal*.
31 *A pequena paróquia*.
32 Henry Morton Stanley, jornalista inglês, famoso por sua viagem pela África em busca do explorador David Livingstone, que descreveu em livro.

**

Terror. Coração apertado. Contato com a vida tão dura desde meu isolamento na dor.

**

Ferida, ferida no orgulho daqueles que nos amam.

**

Ó poder da presença real! Como já não ando mais, e ninguém me vê, aprendi à minha custa a conhecê-la.

**

A transição do *Carcere duro*[33] para o *durisimo*.[34]
Terrores e desesperos do início e, pouco a pouco, assim como o corpo, a mente se acomoda a esse estado sinistro.
Ver os diálogos de Leopardi, Tasso na prisão etc.

**

Existência encerrada que não está mais na vida, a não ser através do romance – quer dizer, através da vida dos outros.

**

O antagonismo é a vida.

**

---

33 Em italiano, no original.
34 Em italiano, *duríssimo*.

Lutar contra as más vontades, recifes movediços que afundam o navio abaixo da linha de flutuação.

Só sei fazer uma coisa, gritar para meus filhos: "Viva a vida!". Dilacerado pelos males como estou, é duro.

II

No país da dor

. . . .

Este ano, em Néris,[1] os olhos menos aguçados ou a mesa menos interessante. Ainda assim, alguns tipos. A sra. M***, esposa de magistrado, organizando brincadeiras, mãe corpulenta divertindo-se com os substitutos.[2] "Champanhe e sejamos alegres! O senhor não está alegre!" As recepções em Châteaudun...[3] Duas filhas, uma alta, com pretensões de elegância, rosto de cavalo, muitos vestidos em suas malas; a pequena, de doze anos, uma criança singular com olhos negros sem expressão, movimentos de palhaço, desfalecimentos dos quais sua mãe a desperta passando sobre os olhos o ouro de seu "amuleto". Habilidade de macaco e de sonâmbula. O que a mulher nos conta sobre seu marido, bizarrices, caprichos, hipocondria, todas as

---

1   Néris-Les-Bains, estação termal no centro da França, de águas bicarbonatadas e sulfatadas.

2   Magistrados encarregados de substituir os procuradores.

3   Cidade do centro da França. A frase certamente se refere aos comentários dessa senhora sobre as recepções que ofereceu em Châteaudun.

doenças. Cirurgia nos olhos sem necessidade; quando vai para as estâncias termais com sua esposa e filhos, hospeda-se em hotel diferente do deles. Lua de mel: o quarto dividido ao meio: "O seu lugar... O meu lugar... Suas cadeiras, as minhas". E é um juiz, esse desequilibrado! Lembrança do piquenique do almoço – a mulher deitada no chão, estendida, com a cabeça mais baixa do que os pés, e sua falsa trança destacada, em círculo, enrolada como uma cobra!

As "Senhoras sozinhas". A sra. T***. "Inteligente como um homem" (?), "aluna de D***", cabeça de israelita, longos olhos em sulco luzidio, lábia de Paris, história com o violoncelista do cassino, surpreendido às cinco da manhã pondo sua gravata no pequeno salão. A sra. L***, uma mulher pequena com um sorriso amaneirado, cantos da boca levantados, murcha, misteriosa, tímida, sem maneiras, chegando à mesa com galhos, arbustos de flores na cintura e depois, envergonhada, constrangida, secretamente arrancando sua guirlanda de arco triunfal.

Outro tipo de "senhora sozinha". A boa sra. S*** com sua amiga srta. de X***. Duas fisionomias de monjas rodeiras, fugindo da mesa durante o último prato para correr à igreja. A srta. de X*** com sua fala efusiva, gorda, rechonchuda, de trinta e cinco a quarenta anos, tez fresca, olhos claros, boa, ingênua, "fofoca de convento", orgulhosa de duas irmãs ricamente casadas, de sua família, pequena nobreza bretã sem um tostão e prolífica como um porto. Adotada pela sra. S***. Viuvez, bondade, religião, olhos ternos, um pouco maluca. O marido morto durante a caça pelo pai dela; embebida na caridade; sem filhos.

A sra. C***, jovem ainda, viúva de um oficial da Marinha, feia, olhos muito negros, o nariz manchado de placas vermelhas; um pequeno espelho de mão onde ela olha constantemente esse nariz. Vê escorpiões, aranhas, sangue nas mãos por toda parte; sempre sozinha, caminha com passos curtos pelas alamedas do pomar, fica imóvel por horas em um banco, com a face apoiada na mão, absorta. Dá ao hotel o aspecto de um hospício.

E então, a generala P***. A "mãe do Regimento de Polícia Montada". Vem há dez anos ao hotel, com uma autoridade da qual é muito ciosa. Desejo de agradar, de conquistar. Todos os hóspedes que chegam ou partem apresentam-lhe suas homenagens! Velha coquete, toda fabricada, "boa senhora", e ainda dá belas mordidas com sua dentadura.

Esta estância balneária para anêmicos é realmente cômica. Ninguém consegue lembrar um nome; fica-se o tempo todo procurando; grandes lacunas na conversa. Dez pessoas para encontrar a palavra "industrial".

Mas nunca, como desta vez, meus tristes nervos sofreram tanto com o contato da promiscuidade do hotel. Ver meus vizinhos comendo era repugnante; bocas sem dentes, gengivas doentes, palitos de dente cavando em molares ocos, e aqueles que só comem de um lado, e os que enrolam os bocados, e os que mastigam, e os roedores, e os carniceiros! Bestialidade humana! Todas aquelas mandíbulas em ação, aqueles olhos glutões, esgazeados, fixos nos pratos, aqueles olhares furiosos para o prato que atrasa, tudo isso eu via, me dava náuseas, nojo de comer.

E as digestões difíceis, os dois W.-C. no final do corredor, lado a lado, iluminados pela mesma lâmpada de gás, de modo que se ouviam todos os "ahn..." da prisão de ventre, o "plof" farto e o amassar dos papéis. Horror... horror de viver!

E tudo aquilo que se comenta nos andares sobre as enfermidades dos residentes, suas manias, seus pobres e ridículos doentes...

Silhueta do professor de matemática de Clermont, em Néris; o primeiro que vi afetado pela minha doença, mas mais avançado do que eu no caminho.

Penso nele, vejo-o avançando com os pés, um após o outro, bem apoiados, cambaleando: como sobre o gelo. Piedade. As criadas do hotel contavam que ele mijava na cama.

Estação de nevropatas. Silhuetas de capengas com bengalas, nas estradas do campo entre as altas sebes de bosques; compartilhando uns aos outros seus males, sempre bizarros, imprevistos; pobres mulheres muito simples, camponesas afinadas pela doença... – Banhos de lama em uma floresta do Norte. Instalação bizarra. Uma rotunda envidraçada sobre o pântano de lama negra onde você é afundado com dificuldade. Sensação deliciosa dessa gosma quente e macia por todo o corpo; alguns mergulham até o pescoço, outros até os braços; somos cerca de sessenta pessoas ali, misturadas, rindo, conversando, lendo com a ajuda de pranchas flutuadoras. Não há animais na lama, mas milhares de pequenas erupções quentes que fazem cócegas suavemente.

O casal provinciano encontrado em Néris. O marido velho, torto, bigodes grisalhos que caem, algumas mechas longas e lisas, e sobre essa cabeça triste um sorriso amargo e um olhar bondoso, o boné de veludo de Sanzio:[4] P***, pintor de flores, aluno de Saint--Jean. A mulher, alta, magra, falsa distinção, chapéu Rembrandt, possui uma casa de saúde para senhoras. Mimada, acarinhada, sente-se que é ela quem traz comida para casa. Ele, pela glória. Com eles, uma gorda senhorita surda, com costeletas, uma das pensionistas da madame, os acompanha um pouco como uma dama de companhia, prepara o café na espiriteira no quarto deles por economia, e chama pela janela com uma voz aflautada: "Monsieur P***!" com um toque coquete de mistério, como se estivesse anunciando que a lavagem intestinal está pronta.

---

4 Rafael Sanzio.

Lamalou. Ataxia-Polca. O estabelecimento. Idade Média, camisas enxofradas. As piscinas; janelas; traços repugnantes. Músicas. Teatros. Lareiras altas; fogo aceso; paredes caiadas.

No pátio do hotel, o vaivém dos doentes. Desfile de doenças diversas, cada uma mais sinistra do que a outra. Analogia entre todas essas doenças, olhares ardentes ou atônitos. Luz brilhante do céu azul – grandes vasos de Anduze[5] nos quais crescem limoeiros.

Conselhos entre doentes:
– Faça isso, então!
– Melhorou com isso?
– Não.
– Curou?
– Não.
– Então por que está aconselhando?
Mania.

As mulheres, irmãs de caridade, enfermeiras, antígonas.
Os russos, asiáticos fechados.
Os padres.
A música: injeção de morfina.
As cóleras.
O Ambicioso, o "Napoleão sem estrela" na piscina.
Os frenéticos.

---

5 Vasos de cerâmica envernizada, fabricados na cidade de Anduze.

Os tagarelas.
Não apenas o sul, mas a neurose.

Meu sósia. O homem cuja doença se aproxima mais da sua. Como o amamos, como o fazemos falar! Eu tenho dois: um pintor italiano, um conselheiro do tribunal de apelação, que, juntos, formam meu sofrimento.

O teatro em Lamalou.
A chegada dos atáxicos. Sonos de morte.

O maestro, primeiro violino do teatro, casado com a atriz que faz o papel de alcoviteiras, toca e rege com seu bebê adormecido em seu colo. Delicioso.

Extremamente cômico este país de nevrosados; gritos, trombetas, sirenes. "La Doulou-le-Haut",[6] sotaques de montanha, uma rua, carroças de feno, ostentação de carros que passam devagar na estrada, sobressalto dos atáxicos, bicicletas, condutores de burros. Guerra de faca entre "La Doulou-le-Haut" e "La Doulou-le-Bas".

---

6 La Doulou-le-Haut e La Doulou-le-Bas: muitas aldeias na França são divididas na parte alta, da colina, e baixa, do vale, e se distinguem pelo sufixo *haut* e *bas*, alto e baixo. Com frequência rivais, buscam querelas umas com as outras. No caso, não existe uma aldeia chamada La Doulou: é uma invenção irônica de Daudet; existe um Lamalou-le-Haut, onde fica o estabelecimento termal, e um Lamalou-le-Bas, ou Lamalou-le-Centre. É evidente a proximidade fonética entre La Doulou e Lamalou.

LA DOULOU   165

*
**

Esse admirável tagarela A. B***, trepidante, frenético, o oposto do afásico; come sozinho para não se cansar.

*
**

Expressão do dr. B*** ao ouvir Brachet: "Isso me é muito útil". Claro que é!

*
**

Na mesa: o homem que de repente não consegue ler o cardápio. Sua esposa chora, sai da mesa...

*
**

Lamalou. A pequena espanhola de cabelos lisos e untados; doze a sessenta anos. Vestido vermelho, longos brincos, longa cabeça amarela apoiada em seu ossinho da mão, na sua cadeirinha; à noite, dorme sentada. Medo de ratos. Não está alojada no térreo.

O espanhol que ficou doente em seu barco perdeu o apoio das pernas; rosto alongado de Robinson Crusoé; carregado por seu criado; alpargatas, boné branco; o queridinho das criadas do hotel.

O homem de Haute-Marne, dormindo ao sol, coberto de moscas. Esse come do lado de fora, sempre vomita na morfina, "Para quê?" – sob o sol, no vento, nos corredores.

O pequeno coreico, terrível com seus movimentos desordenados; não fala mais; pai, mãe, avó, irmã.

O homem que conduzia o czar em uma estrada que se dizia minada pelos niilistas. Viagem de vinte minutos ao fim da qual foi tomado por uma dor nos olhos, seguida de cegueira.

O braço daquela criança, uma mão de marfim para coçar na ponta de um cabo de mogno.

*
**

O russo cego, falando sobre a clínica da rua Visconti. O grande quarto onde ele estava com pessoas desconhecidas, que mudavam, que ele nunca viu, que nunca o viram.

Confidências do comandante B***.
O adeus ao regimento; última refeição no rancho. Vendeu seu último cavalo. Diferentes estados de sua cegueira. Dias em que ele diz "É negro... negro...". Então tem medo. Outras vezes, como um clarão. Sua alegria quando o levam para os ensaios. "A primeira cantora!" Lembranças de quartel. O criado do clube. Muito chique.

E eu também digo como o cego: "É negro... negro...". Toda a vida tem essa cor agora.
Minha dor cobre o horizonte, preenche tudo.
Passou a fase em que a doença nos torna melhores, ajuda a compreender; também aquela em que azeda, faz a voz enferrujar, como todas as engrenagens.
Agora é um torpor duro, estagnante, doloroso. Indiferença a tudo. *Nada! Nada!*[7]

***

Mistérios das doenças femininas; doenças clitoridianas. Desfalecimento dessa velha, de sessenta anos.
Heroísmo da mulher com seus males.

***

Penso na trepidação nervosa que deve agitar as fábricas de fiação, os bordéis, todos os lugares em que o feminino se amontoa,

---

7 Em espanhol no original.

nas passagens das épocas em que são abaladas na direção de seus temperamentos diversos.

***

O sr. C*** com o ruído perpétuo que ouve, como um apito de locomotiva, ou melhor, um escapamento de vapor. Acostuma-se a tudo.

***

Alegria do atáxico constatando sua melhora. O homem de olhos luzidios.

***

Oficial que perdeu a fala após uma queda de cavalo. Algumas palavras num tremular. Com o ar de um sueco.

***

Entre os doentes, esse jovem espanhol poliglota reencontrando a memória de sua infância, aquele dialeto das ilhas Baleares onde ele foi criado e cuidado até os cinco anos.

***

Foi apenas em Lamalou que vi mulheres vigiando seus maridos doentes, impedindo que lhes falassem, que lhes informassem sobre a doença.

***

O russo com os braços imóveis; briga com sua criada que enrola seus cigarros e faz os gestos de suas duas cóleras.

***

Velhas árvores frutíferas privadas de seiva, retorcidas como atáxicos: Lamalou.

O hotel. O painel das campainhas. Os horários dos banhos. Solidão.
O sombrio que invade.

Os mesmos lugares aos quais voltamos, como traços na parede para indicar o crescimento. Mudança a cada vez, constatação. Sempre em marcha regressiva, enquanto as marcas iam subindo.

Este ano, em Lamalou, degraus de escada que não consigo mais descer. A caminhada, horrível. Passeio impossível. Preguiça de me levantar. Na cama, pernas de pedra, dolorosas.

*
**

O homem que observa os outros sofrerem.
Os sósias.
A rua, os carros a galope.
Lamalou no inverno.
"No país da dor."

*
**

Médicos construindo em Lamalou. Eles têm confiança! – e chapéus pretos!

*
**

LA DOULOU 169

Ah! Como eu entendo a palavra do russo que prefere sofrer e me disse ontem: "A dor me impede de pensar".

**

Viagem tateante de um dos cegos de Lamalou vindo do Japão profundo. Ruídos do mar, das cidades, dos navios...

**

Piscina das famílias, de aspecto sinistro. É na que mais gosto de nadar, sozinho quase sempre. Desce-se por alguns degraus. Um quadrado de quatro ou cinco metros; um calabouço da Inquisição. Paredes caiadas, luz vindo do alto, por uma grande vidraça basculante. Um banco de pedra ao redor de toda a piscina, escondido pela opacidade da água amarelada.

Sozinho lá dentro com meu Montaigne, sempre comigo; ferro, enxofre, as águas de todas as temporadas deixaram sua marca, depositaram sua sedimentação. Uma grande cortina fecha a entrada, me esconde das banhistas que passam ou que são enxugadas perto do fogo. Sempre pessoas tagarelando, frequentemente pessoas do sul contando seus negócios.

A mesma expansividade das pessoas em qualquer lugar. Crônica local dos hotéis, cada um com a vaidade do seu. Disputas sobre a temperatura da água, um termômetro fantástico que o banhista conhece. Conversas das piscinas vizinhas, gente que se reconhece, notícias das pessoas do ano passado etc.

Já ouvi falarem de mim, às vezes de forma maldosa, outras vezes com simpatia. Também ouço os empregados, camponeses das Cevennes, barulhentos, falando em dialeto, honestos, inteligentes, robustos, cautelosos, malandros. Um deles está no estabelecimento há quarenta anos.

Os passos dos atáxicos, bengalas, muletas, às vezes o barulho de uma queda. Diálogo dos serviçais (em dialeto): "O que aconteceu? – Não é nada... É o velho que se esborrachou de novo".

Drama na piscina, rápido, misterioso. Uma voz apavorada chamando o banhista: "Chéron! Rápido!". (Crescendo no terror.) "Rápido! Rápido!" Todos – vozes aterrorizadas de medo: "Colard, Chéron! Rápido! Rápido!".

✳

Do lado das mulheres. Boa freira velha. "Faz cinquenta anos que não tomo banho", diz ela ao entrar.

✳

Russos nus nas piscinas, homens e mulheres. Sem ter doença alguma a esconder! Assombro dos meridionais.

✳

Aquele velho priapo, inundado de láudano. Outros, com sua virilidade perdida.

✳

Encontrei este ano muitos casos de diplopias, doenças dos olhos.

✳

Crianças doentes.
Conversei com um pequenino. Certo orgulho de suas dores. (Fragilidade dos ossos.)

✳

S*** B***. Temporadas misteriosas.

Erotomanias cerebrais.
Velhos atáxicos que se atiram, seduzindo velhas fêmeas que os levam para uma vila distante. Retorno dos dois estropiados com muletas, à noite, pelos caminhos ruins.

Alguns exóticos parecem grandes moscas pretas.

As campanhas do barão de X***, velho libertino um pouco amolecido. Aos quinze anos, seu tio, o marquês de Z***, o levou para seu primeiro jantar no Café Anglais. Naquela noite, ele tomou seu destino para Lamalou.[8] Mas sem dores.
Elegante, miolo vazio, histórias mundanas. Vai à missa com seu camareiro.

X***, louco de dor. Duzentas gotas de láudano por dia. Silhueta: sobretudo longo, gestos largos.

O comandante Z***. Ensaio de dança com o pobre cego gritando para os atáxicos: "Em posição para a *pastourelle*!".[9] Com ar imbecil no meio do salão.

---

8 Ou seja, ele foi contagiado pela sífilis.
9 Música do sul da França.

O padre C*** em frente ao hotel; ele não faz mais tratamento de águas, mas vem para ver os atáxicos!

Um médico me disse que, no sul católico, muitas mulheres, quando questionadas sobre suas dores, respondem em sua confusão: "Sim, padre...".

Cavalos de corrida aos quais são aplicadas injeções de morfina para impedi-los de ganhar o prêmio.

Também foi impressionante o relato que o banhista me fez sobre a luta corpo a corpo com o louco. Jogado na cama, o interno veio correndo com sua seringa e lhe aplicou uma, duas, três injeções capazes de deixar um boi desmaiado. Isso o acalmou um pouco.

Reunidos, todos esses doentes estranhos e tão variados de Lamalou se tranquilizam com o espetáculo de suas doenças recíprocas, similares.

Depois, com o fim da temporada, as termas fechadas, todo esse aglomerado de dor se desintegra, se dispersa. Cada um desses doentes volta a ser *um isolado* perdido no barulho e na agitação da vida, um ser bizarro que o cômico de sua doença faz com que o tomem por um hipocondríaco, de quem se tem pena, mas que aborrece.

Só em Lamalou eles o compreendem, se interessam por seu mal.

O suplício de voltar aos lugares: "Eu costumava fazer isso... Eu podia fazer aquilo... Agora não posso mais".

LA DOULOU   173

*
**

Nova fisionomia de Lamalou este ano. Uma valsa da América do Sul, "La Rosita". O brasileiro em sua cadeira; tez terrosa; olhar desesperado.

*
**

Modo de sofrer dos padres.
Desapego de tudo do pequeno beneditino.

*
**

Passeios de outrora nesta terra de dores. Força para rir ainda. Almoços. La Bellocquière. Revi tudo isso. Villemagne e Pont-du--Diable.[10] Vontade de chorar. Lembro-me da frase de Caoudal: "E pensar que vou sentir falta disso!".

*
**

Todos esses caçadores do sul, reumatismos do pântano, que pegaram indo atrás dos patos. Alguns aqui fazem tratamentos preventivos.

*
**

A nova piscina. Então por que quatro anos na outra?

*
**

A criança carregada com seu barquinho na piscina.

*
**

Deveríamos mudar de banho a cada vez.

---

10 Locais com atrações turísticas perto de Lamalou.

Compreendo agora a flutuação do pobre trapo humano na piscina e o lamentável "Espere até que eu veja" do infeliz tateando para ver se tem as duas pernas no lugar.

Conversas entre o solteiro e o homem casado. Sobre ciúmes, quando o homem deixa de ser homem e não consegue mais proteger seu lar.

Na varanda do hotel, movimento de doentes, carrinhos, pessoas acompanhadas.

Passa uma família, o pai apoiado na filha, a mãe atrás, uma criança envergonhada. Comentários: "Coitado desse senhor, tão doente". "Sim, mas sua família cuida dele com tanto amor..."

A visão dessa família, ontem, me deu a ideia de um diálogo que seria interessante desenvolver.

PRIMEIRO ATÁXICO

(*Com uma falsa comiseração, por trás da qual se adivinha a satisfação do sofredor que vê alguém que sofre mais do que ele.*)
– Esse pobre senhor parece estar muito doente.

SEGUNDO ATÁXICO

(*Pequeno, retorcido como um tronco de videira, de quem cada movimento arranca um grito.*)

LA DOULOU   175

– Ele não é tão coitado assim; mimado, cercado... Sua esposa, seus filhos; vejam essa grande e bela jovem; que solicitude a cada passo; como ela o observa, o vigia! Eu vivo com um criado que nunca está aí, esquece de mim na sala como uma vassoura, olha para meu sofrimento com indiferença ou com uma falsa piedade ainda mais odiosa.

PRIMEIRO ATÁXICO

– O senhor não sabe a sorte que tem! Eu sei o que é a dor em família e posso falar a respeito. A menos que seja um egoísta abominável, é obrigado a conter seus gritos para não entristecer aqueles que o cercam.

"Se o senhor tem crianças bem pequenas, não quer obscurecer as únicas horas luminosas e felizes da vida, deixar a elas a lembrança de um velho pai palerma que vive gemendo. Um doente em uma casa é tão terrível, tão pesado, especialmente doentes como nós, que duram, que se prolongam...

"Veja! O senhor, só de vê-lo se contorcendo em uma contínua queixa, é evidente que vive sozinho, sem incômodos, sem obrigações."

SEGUNDO ATÁXICO

– Seria o cúmulo que não tivéssemos o direito de reclamar quando sofremos!

PRIMEIRO ATÁXICO

– Mas eu também sofro, e agora mesmo; apenas me acostumei a guardar as dores para mim; quando a crise é forte demais e eu me deixo levar por uma reclamação mais viva, é uma tal agitação ao meu redor! "O que é que você tem? Onde dói?" Deve-se admitir que é sempre a mesma coisa e que teriam o direito de nos dizer: "Ah, então, se é só isso!".

"Porque essa dor, sempre nova para nós, as pessoas que nos cercam estão acostumadas a ela, ela se tornaria rapidamente um peso para todos, até mesmo para aqueles que mais nos amam. A piedade se embota. Assim, ainda que seja por generosidade, é por orgulho que eu reprimiria minhas queixas, para nunca ler nos olhos dos mais queridos o cansaço ou o tédio.

"E, além disso, o homem solitário não tem os mil sofrimentos do homem em família: as crianças doentes, a educação, a instrução, a autoridade do pai a ser mantida, uma esposa de quem não se tem o direito de transformar em uma enfermeira. E a casa que não defendemos, que não temos mais condições de defender... Não, o certo, em se tratando de sofrimento, é estar sozinho.

"O solitário invocaria então todas as angústias sem possibilidade de desabafo, a falta de ternura etc. etc., e finalmente perceberia que os esforços feitos pelo homem em família, muitas vezes, lhe servem para sofrer menos."

Aqui se interrompe La Doulou. *Alphonse Daudet ainda tinha três anos de vida pela frente. Seu amor pelo trabalho, pelo intercâmbio de pensamentos, também pela leitura, seu desejo de aprender um pouco mais a cada dia (nos últimos tempos, ele se apaixonava pelos livros das ciências mais árduas) foram mais fortes do que sua dor. Ele parou de estudá-la e transformou suas torturas incessantes em uma bondade cada vez maior, essa bondade efetiva e repentina que o levava a dizer no final: "Eu gostaria de ser apenas um vendedor de felicidade".*

SOBRE O LIVRO

FORMATO
13,5 x 20 cm

MANCHA
23,8 x 39,8 paicas

TIPOLOGIA
Arnhem 10/13,5

PAPEL
Off-white Bold 80 g/m² (miolo)
Cartão Triplex 250 g/m² (capa)

1ª EDIÇÃO EDITORA UNESP: 2024

EQUIPE DE REALIZAÇÃO

EDIÇÃO DE TEXTO
Fábio Fujita (Copidesque)
Tulio Kawata (Revisão)

PROJETO GRÁFICO E CAPA
Marcos Keith Takahashi (Quadratim)

IMAGEM DE CAPA
Gravura de autor desconhecido, século XIX.

EDITORAÇÃO ELETRÔNICA
Arte Final

ASSISTENTE DE PRODUÇÃO
Erick Abreu

ASSISTÊNCIA EDITORIAL
Alberto Bononi
Gabriel Joppert

Coleção Clássicos da Literatura Unesp

Quincas Borba | Machado de Assis

Histórias extraordinárias | Edgar Allan Poe

A relíquia | Eça de Queirós

Contos | Guy de Maupassant

Triste fim de Policarpo Quaresma | Lima Barreto

Eugénie Grandet | Honoré de Balzac

Urupês | Monteiro Lobato

O falecido Mattia Pascal | Luigi Pirandello

Macunaíma | Mário de Andrade

Oliver Twist | Charles Dickens

Memórias de um sargento de milícias | Manuel Antônio de Almeida

Amor de perdição | Camilo Castelo Branco

Iracema | José de Alencar

O Ateneu | Raul Pompeia

O cortiço | Aluísio Azevedo

A velha Nova York | Edith Wharton

*O Tartufo * Dom Juan * O doente imaginário* | Molière

Contos da era do jazz | F. Scott Fitzgerald

O agente secreto | Joseph Conrad

Os deuses têm sede | Anatole France

Os trabalhadores do mar | Victor Hugo

*O vaso de ouro * Princesa Brambilla* | E. T. A. Hoffmann

A obra | Émile Zola

Manette Salomon | Edmond e Jules de Goncourt

O urso | Antônio de Oliveira

*A arlesiana * La Doulou* | Alphonse Daudet

Rettec
artes
gráficas
e editora

Rua Xavier Curado, 388 • Ipiranga - SP • 04210 100
Tel.: (11) 2063 7000 • Fax: (11) 2061 8709
rettec@rettec.com.br • www.rettec.com.br